KB266527

오대산의 고승 1

자장 율사

신라 불교의 설계자

자장 율사

신라 불교의 설계자

글 — 김형중

민족사

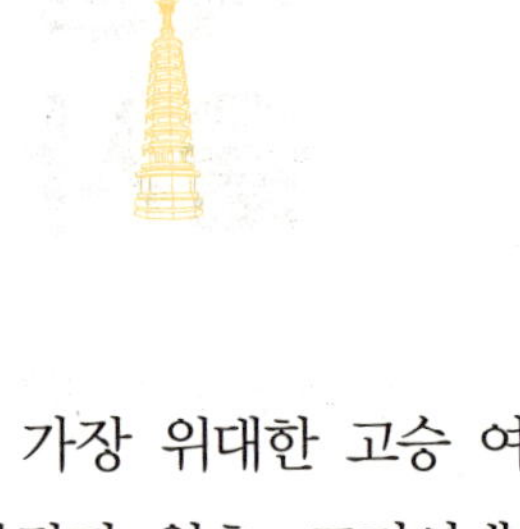

　우리나라 불교사에서 가장 위대한 고승 여섯 분을 꼽으라면, 필자는 신라시대 자장과 원효, 고려시대 지눌, 조선시대 서산 대사, 그리고 근대 한암 선사와 만해 한용운 스님을 들고자 한다. 이 중 자장 율사는 신라 불교의 제도와 신앙의 기틀을 다진 설계자이자, 호국불교의 정신을 구현한 위대한 고승이다. 그러나 자장 율사에 대한 연구는 상대적으로 미흡하며, 중·고등학교 교과서에는 "불교 교단의 기강을 정비한 대국통" 정도로만 소개되어 있을 뿐이다.

　자장 율사는 636년 당나라 유학길에서 외교 사절단의 대표로 당 태종 이세민에게 국빈 대우를 받으며 승광사 별원에서 선진 문물을 익혔다. 귀국 후 대국통에 임명되어 선덕여왕과 함께 국정 전반을 이끌었으며, 호국불교의 이념 아래 황룡사 구층탑을 조성하고, 통도사 금강계단을 창건하여 수계의식을 여법하게 정립하였다.

　『삼국유사』는 이 사실을 이렇게 기록하고 있다.

"나라 사람들 중에 계를 받아 부처의 가르침을 받드는 사람이 열 집에 여덟아홉 집이나 되었다."

자장 율사는 또한 오대산 월정사를 창건하고 적멸보궁을 건립해 진신사리를 봉안하였으며, 한국 불교 신앙의 근간이 된 적멸보궁·문수신앙·사리신앙의 씨앗을 뿌렸다. 더욱이 당 태종에게 대장경 400함을 받아와 경학의 토대를 마련함으로써 이후 원효·의상 등의 사상적 개화에도 결정적인 영향을 주었다. 자장 율사의 활동은 종교적 차원을 넘어 정치·외교·문화 전반에 걸친 개혁의 실천이었다.

자장 율사에 대한 기록은 주로 『삼국유사』, 『삼국사기』, 『속고승전』 등에 전하나, 내용이 유사하여 연구가 반복되는 경향이 있다. 이런 가운데 1989년 필사본 『화랑세기』(발췌본)에 자장 율사의 가계와 배경이 비교적 구체적으로 기술되어 새로운 해석의 단초를 제공하였다. 자장이 미실궁주(美室宮主)의 기원으로 태어난 인물이라는 기록은 신라 사회의 종교와 권력 구조를 통합적으로 이해하게 해 준다.

흥륜사 금당 벽화에 묘사된 신라 10성 가운데 자장은 원효, 의상 등과 함께 포함되어 있으며, 일연은 『삼국유사』에서 자장 율사에 대해 가장 많은 분량을 할애했다. 『자장전』은 현재 전해지지 않지만, 원효가 직접 편찬했다는 기록이 『삼국유사』에 반복 인용되며, 이는 자장이 당대에 얼마나 중요한 인물로 인식되었는지를 보여 준다.

오늘날 한국 불교의 수계의식, 적멸보궁 신앙, 삼보 신앙 등은 자장 율사의 업적을 계승한 것이다. 그럼에도 불구하고 그의 위상이 시대를 거치며 흐릿해진 것은 저술이 온전히 전해지지 않은 탓이 크다.

이 책은 월정사 주지 정념 큰스님의 각별한 원력에서 비롯되었다. 집필을 앞둔 초봄, 정념 스님을 찾아뵈었을 때 스님은 이렇게 말씀하셨다.

"오대산을 개산(開山)하고 월정사와 적멸보궁을 창건한 분은 자장 율사인데, 정작 자장 율사의 삶과 가르침을 알 수 있는 책은 거의 없습니다."

이번 기회에 오대산과 인연 맺은 고승들의 삶과 가르침을 널리 우리 불자들과 대중들에게 알리고 싶고, 그 역할을 맡아주기를 바란다는 뜻을 보이셨다.

사실 필자에게 오대산 적멸보궁은 각별한 인연의 공간이다. 40여 년 전 오대산 적멸보궁을 참배한 뒤, 큰아들 '문수'와 둘째 아들 '지수'를 얻게 되었고, 그 아이들 이름 역시 오대산 문수(文殊)보살과 화엄경에 나오는 지수(智首)보살의 두 글자를 따서 지었다.

오대산은 '성스러운 산(聖山)'으로, 부처님의 진신사리를 모신 적멸보궁이 있는 곳이다. 우리나라에 4, 5대 적멸보궁이 있지만, 오대산 적멸보궁은 그중에서도 유독 깊은 환희심을 일으키는 곳이다. 그곳에 오를 때마다 산의 형세와 기운을 느끼면서 대단한 성지(聖地)라는 생각, 자장 율사가 아니고서는 결코 이룰 수 없었을 자리라는 확신이 들었다.

이러한 자장 율사의 삶과 가르침을 필자가 글로 풀어내야 한다는 사실만으로도 큰 감회로 다가왔다. 마치 부처님과 자장 율사께서 이마를 어루만져 주는 듯한 마음, 곧 마정수기(摩頂授記)를 받는 것 같아 환희로웠다.

그로부터 약 1년 동안 필자의 모든 시간은 오대산과 자장 율사의 삶으로 채워졌다. 아내 보현행 보살과 함께 다섯 곳의 적멸보궁을 순례하며 자장 율사의 심정으로 현장을 밟았다. 가족이 오대산의 시간 속에 잠겨 지낸 1년이었다.

글을 쓰는 동안 정념 스님의 배려와 지도 편달, 그리고 민족사 윤창화 대표님, 사기순 주간님의 열렬한 응원은 더욱 큰 힘이 되었다. 출판사 측은 "쉽고 재미있되 소설은 아닐 것, 평전 같되 평전은 아닐 것, 독자의 마음을 울릴 것"이라는 집필 원칙을 제시했다. 필자는 이 기준에 따라, 문헌에 근거하면서도 창조적 상상력을 보태 자장의 생애를 되살리고자 하였다.

이명재 교수는 "소설은 아니면서도 소설처럼, 평전은 아니면서도 평전처럼 쓰라"고 조언해 주셨고, 필자는 그 말씀을 깊이 새기며 이 원고를 써 내려갔다.

부디 이 책이 천년의 세월을 건너 자장 율사의 진면목을 다시 깨우는 돌비석이 되기를 바란다.

2026년 1월
독락향상실에서
김형중 씀

차례

머리말 _ 004

프롤로그 _ 011

1장 오대산 월정사 적멸보궁

오대산에 심은 자장의 꿈 _ 017

월정사 터에서 마주한 토착민의 반발 _ 024

신라 땅에 깃든 문수보살의 가르침 _ 030

월정초암의 지혜 달빛 _ 037

부처의 진신사리를 깊은 바위 아래 모시다 _ 045

2장 왕족으로 태어나다

세속의 영화를 뒤로하고 출가 _ 051

해골을 안고 정진하는 고독한 수행자 _ 057

차라리 계를 지키다 죽을지언정 _ 064

소금강으로의 만행(萬行) _ 071

서라벌 불교의 허상과 원광 법사 _ 076

3장 당나라 유학

백고좌법회 _ 083

당나라를 배우라 _ 089

종남산의 기인, 원향 선사 _ 096

계율의 정수, 도선 율사 _ 103

오대산 문수보살 친견 _ 109

4장 자장 율사를 불러오라

황제의 선물, 불교 경전 400상자 _ 121

양주의 검은 그림자 _ 126

불타는 대야성 _ 131

신라행 귀국선 _ 138

울주 태화사 _ 144

5장 대국통(大國統)

대국통이 되다 _ 153

계율로 세우는 정신의 성벽 _ 161

통도사 금강계단 _ 168

황룡사 구층목탑 _ 177

6장 신라의 불국정토 건설

하늘에 닿은 마지막 보루, 봉정암 _ 187

사자산 법흥사 _ 196

선덕여왕의 서거와 신라의 새 물결 _ 204

비단 위에 새긴 태평송(太平頌) _ 212

갈반지를 찾아서 _ 219

정암사 수마노전탑 _ 226

마지막까지 지킨 법의 등불 _ 232

에필로그 _ 241

참고문헌 _ 245

산은 수행자를 가려 받는다.

오대산은 그중에서도 가장 엄격한 산이었다.

이 산에 들어선 자는 먼저 마음을 다잡아야 했고, 다음으로 봄을 바로 세워야 했다. 오대산은 기도보다 앞서 삶의 태도를 요구했다. 말과 행동, 먹고 입는 방식 하나까지도 수행이 되지 않으면 이 산은 결코 사람을 품지 않았다. 그래서 오대산은 오래전부터 지혜의 화신인 문수보살의 도량이자, 서슬 퍼런 계율이 살아 숨 쉬는 산으로 알려져 왔다.

신라가 무너질 듯 흔들리던 7세기, 한 스님이 이 산으로 돌아왔다. 당나라 오대산에서 문수보살을 친견하고 부처님의 진신사리를 모셔 온 자장 율사였다. 그러나 그가 신라로 가져온 것은 눈에 보이는 사리만이 아니었다. 자장이 진정으로 품고 돌아온 것은 '불교는 먼저 자신을 단속하는 종교여야 한다'는 서릿발 같은 확신, 곧 계율(戒律)이었다.

당시 신라 불교는 왕실의 전폭적인 후원 아래 급속히 확산되고 있었지만, 그 화려함만큼이나 해이함의 그늘도 깊었다. 눈부신 불사와 기복 신앙은 넘쳐났으나, 출가자의 삶을 지탱하는 본질적인 규율은 점점 형식으로 전락해 가고 있었다. 자장은 이를 누구보다 날카롭게 보았다. 나라가 위기에 처한 까닭은 외적의 침략 때문만이 아니라, 사람들의 마음이 기둥 없이 흐트러졌기 때문이라고 그는 믿었다.

자장에게 계율은 개인의 청정함에 그치는 도덕적 결벽이 아니었다. 그것은 무너져가는 공동체를 지탱하는 최소한의 약속이었고, 전란의 소용돌이 속에서 신라를 버티게 할 정신적 뼈대였다. 그는 말로 설득하지 않았다. 스스로 가장 엄격한 계율의 옷을 입음으로써, 출가자의 삶이 어떠해야 하는지를 온몸으로 증명했다. 사람들은 그를 화려한 수식어가 붙은 '대덕'이나 '국사'라 부르는 대신, 경외와 두려움을 담아 율사(律師)라 불렀다.

그가 선택한 마지막 보루가 바로 오대산 월정사였다. 오대산의 심장부에 자리한 이 절은 그저 그런 불교 사찰이 아니었다. 계율이라는 씨앗을 뿌리내리게 할 거대한 실험장이자, 타락한 시대의 흐름을 거스르는 불성의 요새였다. 월정사에서 자장은 출가자의 일상, 공동체의 규범, 수행의 질서를 하나하나 새로 썼다. 그곳에서 느슨함은 허용되지 않았고, 원칙 없는 타협은

설 자리가 없었다.

그가 세운 이 단단한 뼈대는 천년의 세월이 흘러도 무너지지 않았다.

오늘날까지도 월정사는 청정 가풍을 상징하는 사찰로 불린다. 화려함보다 검박함을, 편의보다 원칙을 중시하는 전통은 자장 율사가 남긴 가장 확실한 유산이다. 기적이나 신비보다, 하루하루 흔들리지 않는 삶의 태도가 곧 최고의 수행이라는 믿음이 이곳 오대산의 전나무 숲 사이로 흐르고 있다.

자장 율사는 말한다.

불교가 타락하면 나라가 흔들리고, 계율이 무너지면 수행은 껍데기만 남는다고. 진정한 자유는 방종이 아니라 스스로를 규율할 수 있는 힘에서 나온다고.

이 책은 한 시대의 고승을 기리는 박제된 전기가 아니다.

이것은 계율로 자신을 다스리고, 그 단단한 뼈대의 힘으로 나라와 시대를 바로 세우고자 했던 한 인간의 치열한 기록이다.

오대산의 찬바람은 지금도 우리에게 묻는다.

우리는 과연 무엇으로 자신을 붙들고 살아가고 있는가를.

1 장

오대산 월정사 적멸보궁

오대산에 심은 자장의 꿈

하늘과 땅의 경계가 모호했다.

자장 율사의 발걸음이 닿는 곳마다 묵직한 이끼 냄새와 서늘한 흙 기운이 배어 나왔다. 명주(溟州; 강릉) 오대산의 초입, 하늘을 찌를 듯 솟아오른 전나무 숲은 마치 거대한 사찰의 기둥처럼 늘어서서 이방인의 침입을 지켜보고 있었다. 안개는 살아 있는 짐승처럼 계곡을 타고 내려와 자장의 장삼 자락을 적셨고, 바람은 나뭇잎 사이를 지나며 알 수 없는 방언처럼 웅얼거렸다. 수천 년간 인간의 발길을 거부해 온 원시의 숲은 그 자체로 거대한 결계였다. 나무들의 수피는 용의 비늘처럼 거칠었고, 가지마다 걸린 이끼들은 산의 나이를 짐작케 했다.

숲은 깊은 숨을 품어내고 있었다. 그 거대한 숨결에 자장의 가냘픈 법구가 흔들렸다. 숲의 심부로 들어갈수록 깊은 안개가 깔려 있었다. 이름 모를 산새들이 내뱉는 날카로운 소리는 마치 침입자를 향한 경고처럼 산세를 울렸다.

"큰스님, 이 산의 안개가 예사롭지 않습니다. 마치 산이 우리를 가로막고 서서 통행세를 내놓으라고 윽박지르는 것만 같아요. 발걸음 한 발짝 옮기기가 천근만근입니다."

뒤를 따르던 승실이 바랑(스님들이 등에 지고 다니는 자루 같은 큰 주머니)의 어깨끈을 고쳐 메며 숨을 헐떡였다. 승실은 자장이 출가하기 전부터 자장의 시중을 들어온 충직한 제자였다. 그의 목소리에는 숨길 수 없는 두려움과 피로가 섞여 있었다. 자장은 잠시 걸음을 멈추고 뒤를 돌아보았다. 땀방울이 맺힌 승실의 얼굴에는 피로와 경외심이 교차하고 있었다. 험한 산길에 짚신은 이미 해졌고 가파른 경사를 오르느라 무릎은 후들거렸으나, 자장의 눈빛만큼은 흔들림이 없었다.

"승실 스님, 산이 우리를 막는 것이 아니라, 마음속의 번뇌가 안개가 되어 눈앞을 가리는 것이네. 이곳은 문수대성께서 1만의 화신으로 상주하시는 곳… 우리가 짊어진 이 바랑 속 사리가 그분께로 가는 통행증일세. 고통이 클수록 법의 희열 또한 깊어지는 법이네."

자장의 목소리는 낮았지만 깊은 울림이 있었다. 그는 등 뒤에 짊어진 바랑의 무게를 다시금 느꼈다. 그 안에는 당나라 오대산에서 전해 받은 부처님의 가사와 발우, 그리고 무엇보다 귀한 정골사리(頂骨舍利)가 모셔져 있었다. 그것은 단순한 성물(聖物)이 아니었다. 무너져 가는 신라의 정신을 지혜로 지탱할 마지막 보루이자 신라의 운명을 바꿀 희망의 씨앗이다. 바랑의 거친 끈이 어깨를 파고들 때마다 자장은 그것을 육체적 고통이 아닌, 자신을 일깨우는 죽비소리, 경책(警策)으로 받아들였다.

"그래도 큰스님, 명주는 고구려의 칼날이 지척인 곳이잖아요. 성을 쌓고 군사를 길러도 모자랄 판에, 어찌하여 서라벌의 화려한 금당을 두고 이 척박한 골짜기로 저희를 부르신 것인지… 소승은 아직 그 깊은 뜻을 헤아리지 못하겠습니다."

자장은 승실의 물음에 답하는 대신, 멀리 안개 너머로 어렴풋이 드러나는 오대산의 능선을 바라보았다. 그의 눈앞에 서라벌을 떠나기 전, 월성 왕궁에서 나누었던 선덕여왕과의 대화가 환영처럼 스쳐 지나갔다.

그날 새벽, 월성 왕궁의 공기는 얼음처럼 차가웠다. 자장은 꿈속에서 밤새 문수보살의 엄중한 꾸짖음을 듣고 쫓기듯 선덕여왕을 알현했다. 촛불 하나만 위태롭게 타오르던 집무실에서 여왕은 자장의 결연한 표정을 보고 긴 한숨을 내쉬었다. 당시 신라는 백제의 끊임없는 공세와 고구려의 압박으로 인해 사방이 막힌 형국이었다.

"대국통, 정녕 떠나야 하겠습니까? 지금 서라벌에는 대사의 지혜가 필요합니다. 백제는 대야성을 함락시키고 우리 목전까지 칼을 들이밀고 있으며, 조정의 대신들은 짐의 권위를 흔들며 수군거리고 있습니다. 여자의 몸으로 나라를 다스린다는 것이 이토록 고달픈 일인 줄 알았다면… 이런 절체절명의 시기에 머나먼 명주로 가시겠다니요.”

여왕의 목소리는 가늘게 떨리고 있었다. 자장은 여왕에게 정중히 말했다.

“폐하, 지금 우리에게 필요한 것은 더 많은 병사나 더 높은 성벽이 아닙니다. 병사는 전장에서 패할 수 있고, 성벽은 세월에 무너질 수 있으나, 백성의 분열된 마음을 하나로 묶는 ‘법의 성벽’은 결코 무너지지 않습니다. 명주 오대산은 그 성벽을 세울 가장 완벽한 성지입니다. 반드시 이 땅이 부처님의 수기를 받은 신성한 국토임을 선포하는 ‘정신의 기둥’을 그곳에 세워야 합니다.”

“어찌하여 그 험한 산입니까? 서라벌에도 좋은 터는 많지 않습니까?”

“그곳은 다섯 봉우리가 연꽃처럼 피어난 형국으로, 하늘의 기운이 땅으로 내려와 맺히는 삼한 제일의 명당이기 때문입니다. 폐하, 당나라가 중국의 오대산을 성역화하여 대제국의 기틀을 닦았듯, 우리 신라 역시 이 북방의 혈맥에 진신사리를 모셔 호국의 법력을 세워야 합니다. 그래야만 주변 아홉 나라가 우리를 약소국이라 얕보지 못하고, 부처가 상주하는 나라로 인식하여 스스로 머리를 숙일 것입니다. 명주는 단순히 국경이 아니라, 신라가 불국토로 거듭나는 시작점이 될 것입니다.”

여왕은 한참 동안 침묵했다. 타닥거리며 타들어 가는 촛불 소리만이 정적을 깨웠다. 긴 침묵 끝에 마침내 여왕이 말문을 열었다.

"알겠어요. 대사의 눈에서 신라의 미래를 봅니다. 오대산에 가서 불국토의 씨앗을 심으십시오. 짐이 파발을 보내 명주 도독에게 대사의 발걸음이 닿는 곳마다 길을 닦아드리고 공양을 잊지 말라고 명하겠습니다. 다만… 부디 짐이 살아서 그 결과를 보게 해 주십시오. 대사가 없는 신라는 등불 없는 밤길과 같습니다."

회상에서 깨어난 자장은 비로소 산의 중턱, 시야가 탁 트인 벼랑 끝에 섰다. 기적처럼 안개가 걷히며 오대산의 비경이 그 위용을 드러냈다. 자장의 눈이 경이로움으로 빛났다. 산세는 장엄했고, 봉우리마다 뿜어내는 기운은 각기 다른 색채로 일렁이고 있었다.

"승실 스님, 보는가. 저것이 바로 오만(五萬) 진신(眞身)이 거처하시는 연꽃의 꽃잎들이네."

동쪽에서는 동대(東臺) 만월산이 솟아 있었다. 이름 그대로 둥근 달이 떠오르듯 부드러운 능선을 그리며 광활한 기운을 내뿜었다. 그곳은 청청한 새벽빛을 머금은 듯 보였고, 마치 일만의 관세음보살이 자비로운 미소로 중생을 굽어살피는 듯한 평온함이 서려 있었다.

그 반대편 서쪽으로는 서대(西臺) 장령산이 마치 엄격한 호법 신장같이 우뚝 서 있었다. 깎아지른 듯한 암벽은 서라벌을 지키는 견고한 방패처럼 보였고, 대세지보살의 지혜로운 위엄이 깃든 듯 날카롭고도 단단한 기개를 내뿜고 있었다.

남쪽의 남대(南臺) 기린산은 상서로운 기운이 서린 지장보살의 품처럼 따스한 흙산의 능선을 그렸다. 그곳에서 불어오는 바람은 생명의 향기를 품고 있었다. 고통받는 이들을 보듬는 어머니의 품과 같은 산이었다. 북쪽의 북대(北臺) 상왕산은 오대산에서 가장 높은 곳에서 사바세계를 굽어보는 미륵보살의 안목처럼 드높고 장엄했다. 그 정상에는 만년설이 녹지 않은 듯 희끗한 구름이 걸려 있어 신비로움을 더했다.

그리고 그 모든 봉우리의 시선과 기운이 모이는 한가운데, 중대(中臺) 풍로산이 있었다. 마치 연꽃의 심장부인 씨방처럼 고요하면서도 생동감 넘치는 그곳은 비로자나불의 진리가 소용돌이치는 지점이었다. 산의 모든 혈맥이 그곳을 향해 고개를 숙이고 있었고, 대지의 숨결이 가장 뜨겁게 분출되는 명당 중의 명당이었다.

"와! … 정말 연꽃이 산으로 피어난 것 같습니다, 큰스님, 저 봉우리들이 우리를 보듬어 주는 것 같습니다."

넋을 잃고 오대산의 풍광을 바라보던 승실이 감탄하며 벅찬 감동을 말로 뿜어냈다. 승실은 조금 전까지 느꼈던 공포는 사라지고, 가슴속에서 알 수 없는 환희심이 솟구쳤다. 하지만 자장의 표정은 짐짓 어두웠다. 그는 산의 기운을 타고 전해져 오는 또 다른 숨결, 즉 저항의 기미를 느낀 것이다.

숲의 그늘진 곳에서 자신들을 훔쳐보는 차가운 시선들. 이 산을 수천 년간 지배해 온 고대의 산령(山靈)들과 목신(木神)들, 그리고 이 산의 기운에 기대어 살아온 토착의 세력들이 내뱉는 거친 호흡이었다. 그들에게 자장은 지혜를 가져온 성자라기보다, 자신들이 쌓아온 견고한 질서와 믿음을 깨뜨리러 온 낯선 침입자에 불과할 터였다. 산의 정적은 결코 평화로운 것만은 아니었다. 그것은 거대한 폭풍이 몰아치기 전의 숨죽인 긴장이었다.

"이제 내려가세. 저 연꽃의 심장부로. 이제부터가 진짜 고행의 시작이네."

지장은 주장자(스님들의 지팡이)를 꽉 쥐었다. 해는 뉘엿뉘엿 저물어 가고, 다시금 짙은 안개가 계곡 아래에서부터 차오르기 시작했다. 초막을 짓고 기도를 시작하기 전, 산은 마지막으로 커다란 어둠을 내뱉으며 그를 시험하려 드는 것 같았다.

오대산의 정취는 고요했다. 그러나, 이제 신라의 정신을 다시 세우려는 한 고승의 거대한 전쟁이 시작되고 있었다.

월정사 터에서 마주한 토착민의 반발

안개는 걷히지 않았고, 산은 더욱 깊은 침묵으로 자장을 압박했다.

자장과 승실이 도착한 곳은 훗날 월정사가 들어설 너른 평지였다. 수백 년 된 전나무들이 빽빽하게 들어차 하늘을 가린 그곳은, 낮에도 태양 빛이 겨우 바늘귀만큼 새어 들어오는 어두한 땅이었다. 오랫동안 인간의 발길보다는 산짐승의 거친 숨소리와 숲의 고대 정령들이 주인 노릇을 해 온 영역이었다.

발을 내디딜 때마다 수만 년간 쌓여 온 낙엽이 썩어 만들어진 검은 흙탕물이 버선을 적셨고, 축축한 이끼의 비린내가 코끝을 찔렀다. 자장은 걸음을 멈추고 지팡이를 땅 깊숙이 꽂았다. 그 지팡이 끝에서부터 무언가 거대한 땅의 맥박이 손바닥을 타고 전해지는 듯했다.

"승실 스님, 여기가 명당이네. 연꽃의 심장부이자, 우리가 머물러야 할 자리일세."

"큰스님, 제 눈에는 명당이라기보다 귀기(鬼氣)가 서려 있는 흉지처럼 보입니다. 등 뒤가 서늘해지는 것이 누군가 우리를 지켜보는 기분이 한순간도 떠나질 않습니다. 차라리 조금 더 아래쪽, 인간의 온기가 있는 마을 근처에 자리를 잡는 것이 어떻겠습니까?"

승실이 주위를 두리번거리며 바랑의 어깨끈을 고쳐 메었다. 그의 말대로 숲의 짙은 어둠 속에서는 수십 개의 눈동자가 번뜩이고 있었다. 그것은 굶주린 늑대의 안광(眼光)일 수도 있고, 혹은 이 땅의 불청객을 감시하는 토착민들의 적의 어린 시선일 수도 있다. 하지만 자장은 개의치 않고 소매를 걷어붙였다. 그는 신라 최고의 진골 귀족이자 전국의 승려를 통솔하는 대국통(大國統)이라는 지위를 서라벌 왕궁의 금당에 두고 왔다. 지금 이곳에 서 있는 자는 오직 신라의 운명을 여는 혈맥을 짚고 부처의 법을 전하고자 하는 한 명의 노승일 뿐이었다.

초막을 짓는 일은 수행 그 자체였다. 실로 처절한 고행이었다. 자장은 직접 도끼를 들어 쓰러진 나무를 다듬고 억센 덩굴을 걷어냈다. 서라벌의 웅장한 사찰 대웅전에서 비단 방석 위에 앉아 고아한 법문을 설하던 자장의 손은 금세 물집이 잡히고 터져 붉은 피가 흘렀다. 승실이 만류하며 도끼를 뺏으려 했으나, 자장은 조용히 고개를 저으며 미소 지었다.

"승실 스님, 나는 지금 부처님을 모실 집을 짓는 것이 아니네. 내 마음속에 여전히 찌꺼기처럼 남아 있는 아집과 권위라는 허물을 허무는 집을 짓는 것일세. 이 차가운 흙을 만지고 거친 나무를 엮으며 비로소 나는 이 땅의 일부가 되어 가네. 이 초막의 기둥은 중생을 향한 자비요, 지붕은 세상을 비추는 지혜라네."

밤이 깊어서야 전나무 가지와 칡넝쿨과 억새로 엮은 초막의 형태가 겨우 갖춰졌다. 자장과 승실은 그 좁고 습한 곳에 몸을 들이고 3일 동안 지극정성으로 기도를 올렸다. 새벽부터 밤늦게까지 이어지는 그들의 독경 소리는 산의 정적을 흔들었다. 하지만, 오대산의 기운은 여전히 그들을 밀어내고 있었다.

3일째 되는 날이었다. 산 아래 계곡에서 식수로 쓸 물을 긷고 돌아온 자장과 승실은 눈앞의 광경에 경악을 금치 못했다. 정성껏 엮어 올린 초막은 마치 거대한 짐승이 휘젓고 간 듯 형체를 알아볼 수 없을 정도로 처참하게 부서져 있었다. 서까래는 꺾여 나뒹굴었고, 자장이 기도를 올릴 때 꽂아 두었던 주장자는 숲 바닥에 내팽개쳐져 있었다.

"누군가 우리가 없는 틈을 타 불사를 훼방 놓은 것입니다! 산짐승의 소행이라기엔 너무나 정교하고 악의적으로 부숴 놓았습니다."

승실의 목소리가 분노와 두려움으로 가늘게 떨렸다. 자장은 부서진 서까래의 단면을 가만히 어루만졌다. 그것은 보이지 않는 토착 세력, 즉 산신(山神) 신앙을 고수하는 한편 고구려의 영향력 아래 있던 토착민들의 노골적인 거부의 몸짓이었다.

"아직 땅의 마음을 얻지 못했구나. 지반을 다지기도 전에 지붕부터 올리려 한 내 조급함이 화를 불렀다."

자장은 결단을 내렸다. 무작정 산속에서 버티며 대립하는 것만이 능사가 아니었다. 그는 일단 전열을 정비하기 위해 명주(溟州, 지금의 강릉) 관부로 걸음을 옮겼다. 명주는 고구려와 가장 근접한 국경지로서, 신라의 명운이 걸린 군사 요충지였다. 자장이 점지한 평창의 오대산, 정선의 태백산, 영월의 사자산, 삼척의 두타산, 속초의 설악산에 이르기까지 이 모든 산맥은 신라의 변방 오지이자 적군을 마주하는 최전방 국경이었다. 즉, 자장의 불사는 전법인 동시에 신라의 국경을 영적으로 요새화하는 국가적 사업이었다.

명주에 도착한 자장은 도독(都督)과 군주(軍主)를 만났다. 자장 율사의 범접할 수 없는 위엄 앞에 관료들은 복장과 예법을 갖추어 맞이했다.

"대국통께서 이 험한 국경까지 어찌 오셨습니까. 이곳은 고구려의 세작들이 출몰하고 호랑이가 길을 막는 험지입니다."

"명주의 험준한 산세에 부처님의 법력을 심어 호국의 기틀을 닦으려 하오. 하지만 산의 거부가 만만치 않고 토착민들의 경계가 심하니, 관부의 협조가 절실하오."

자장의 말에 도독과 군주는 흔쾌히 고개를 끄덕였다.

"큰스님께서 오지에 절을 짓고 탑을 쌓으신다면, 이는 고구려의 침략을 막는 정신의 성벽을 쌓는 일과 같습니다. 저희가 수시로 병사를 보내 큰스님의 안위를 호위하고, 사찰을 건축하는 자재와 재정, 그리고 필요한 노동력을 아낌없이 제공하겠습니다.”

든든한 지원을 약속받은 자장은 다시 오대산으로 향했다. 하지만 이번에는 곧장 봉우리로 오르지 않았다. 그는 오대산(월정사), 영월 사자산(법흥사), 정선 태백산(정암사)의 지리적 중간 지점이자 오대산의 입구인 평창 진부면 수항리 터에 자리를 잡았다. 물이 맑고 풍부하다 하여 수다사(水多寺)라 이름 붙인 그곳을 불사의 본부로 삼았다.

수다사는 당시 조그만 초암에 불과했다. 이곳에서 험준한 대관령을 넘으면 바로 명주 관부가 나왔지만, 대관령은 산세가 워낙 험악하여 한번 길을 잃으면 산 자가 나갈 수 없는 죽음의 고개였다. 초암 밖으로 휘몰아치는 찬바람을 맞으며 승실이 자장의 곁을 지켰다.

“큰스님, 이제 연세도 쉰을 넘기신 데다 기력도 예전 같지 않으실 텐데… 이런 험한 산중 초암에서 식사도 제대로 못하신 채 산속을 헤매시니 소승은 매일이 가시방석입니다. 앞으로 험한 산길은 이 승실에게 맡겨 주시고, 큰스님께서는 이곳 수다사에 머물러 주십시오.”

자장은 승실의 걱정 어린 눈빛을 보며 껄껄 웃음을 터뜨렸다. 그 웃음소리에는 육체의 고단함을 잊게 하는 어떤 강인한 생명력이 깃들어 있었다.

"고맙다만 승실 스님, 너무 걱정하지 마시게. 아직은 스님 도움 없이도 팔도 강산을 누빌 만하네. 스님도 잘 알지 않는가? 원래 나의 선고(先考)이신 '무(武, 虎) 자 림(林) 자' 소판 어른께서는 호랑이도 맨손으로 때려잡으신 전설적인 무골이셨네. 그 핏줄이 어디 가겠는가?"

승실은 잠시 자장의 부친, 김무림(金武林) 소판의 위엄 있던 모습을 떠올렸다. 그는 신라의 최고 관등인 소판에 올라 국가의 병권을 주무르던 이였다.

"알다 뿐이겠습니까. 소승도 어려서 소판 주인어른께 무술을 배웠습니다. 제가 속세를 떠나 출가하게 된 것도 실은 큰스님을 잘 모시라는 주인어른의 각별한 명 때문이었지요. 큰스님께 무슨 변고가 생기는 날이 곧 제 제삿날입니다. 제발 법체를 강건하게 살피셔야 합니다."

자장은 승실의 두툼한 어깨를 두드렸다. 자신의 집안이 대대로 이어온 무인의 기개와 지계(持戒)의 정신이 이 수다사의 차가운 밤공기 속에서 뜨겁게 교차하고 있었다.

오대산의 정취는 여전히 고요했으나, 이제 관부의 전폭적인 지원과 자장의 굳건한 혈통적 원력이 결합하며 본격적인 불국토 건설의 기지가 수다사에서부터 힘차게 꿈틀거리기 시작했다. 이것은 신라를 부처의 나라로 선포하기 위한, 고승 자장의 위대한 전쟁의 시작이었다.

신라 땅에 짓든 문수보살의 가르침

수다사(水多寺)의 밤은 깊었으나 자장의 등불은 꺼질 줄 몰랐다. 칠흑 같은 어둠 속에서 대관령 너머 명주 관부에서 파견한 병사들의 갑주 부딪히는 소리가 간헐적으로 들려왔다. 그들은 사찰 외곽을 겹겹이 호위하며 호법신장처럼 수다사를 지키고 있었으나, 정작 자장의 마음은 여전히 안개 자욱한 오대산의 깊은 숲속을 헤매고 있었다. 며칠 전 처참하게 부서졌던 초막의 서까래는 단순한 나무 파편이 아니었다. 그것은 신라의 북방 국경이 처한 날 선 긴장감이자, 외래의 진리를 거부하는 척박한 변방 민심의 현주소였다.

"큰스님, 도독께서 보내온 병사들이 내일 새벽이면 산으로 오를 모든 채비를 마칠 것입니다. 이번에는 군사들의 위세가 대단하니, 저 무지몽매한 토착민들도 감히 대국통의 불사를 가로막지는 못할 것입니다."

승실이 바랑을 다시 단단히 묶으며 의욕에 찬 목소리로 말했다. 횃불 아래 비친 그의 얼굴에는 지난번의 수치를 씻겠다는 결연함이 서려 있었다. 하지만 자장은 타오르는 등잔불을 가만히 응시하며 조용히 고개를 저었다.

"승실 스님, 칼날로 세운 절은 결국 더 큰 칼날에 무너지는 법일세. 위세로 누른 마음은 겉으로는 굴복하나 속으로는 원한의 씨앗을 품는다네. 병사들은 이곳 수다사에 머물게 하여 후방을 지키게 하고, 우리는 단둘이 올라가세. 나라의 지원은 사찰을 지을 자재와 백성들의 양식으로 써야지 중생의 닫힌 마음을 억지로 여는 수단으로 써서는 안 되네."

자장의 목소리에는 서슬이 퍼런 지계(持戒)의 정신과 함께, 부친 김무림 소판으로부터 이어받은 무인의 강직한 기개와 자비가 공존하고 있었다.

다음 날, 다시 찾은 오대산은 여전히 차가운 안개를 입김처럼 내뿜으며 이방인의 의지를 시험했다. 발을 디딜 때마다 썩은 낙엽 아래 숨겨진 진흙이 짚신을 무겁게 잡아당겼다. 그러나 이번에 자장의 손에는 날카로운 무기 대신 당나라 종남산에서 가져온 진귀한 약초 주머니와 명주 관부에서 공수한 질 좋은 쌀과 소금이 들려 있었다. 자장이 점지했던 월정사 터, 즉 '연꽃의 심장'이라 불리는 중대에 다다랐을 때, 숲의 짙은 그늘 속에서 예의 그 살기 어린 시선들이 다시금 자장의 등을 찔렀다.

"또 나타났구나! 서라벌의 화상이 관청의 군사들을 끌고 와 우리 조상 대대로 지켜온 터전을 짓밟으려 하는가!"

거대한 전나무 뒤에서 가죽옷을 걸친 장정들이 튀어나왔다. 그들 뒤에는 전쟁의 풍파에 나라를 잃고 국경을 넘어와 추위와 굶주림에 찌든 고구려 유민들이 섞여 있었다. 그들은 이미 수다사에 집결한 신라 병사들의 소문을 듣고, 자신들의 유일한 안식처인 이 산마저 빼앗길까 두려워하며 독기를 품고 있었다. 사내들이 조잡하게 깎은 나무창을 치켜드는 일촉즉발의 순간, 무리 뒤편에서 찢어지는 듯한 여인의 통곡 소리가 숲의 정적을 갈랐다.

자장은 망설임 없이 소리가 나는 곳으로 발걸음을 옮겼다. 사내들이 창끝으로 길을 막으려 했으나, 자장의 눈에 서린 범접할 수 없는 위엄에 압도되어 나뭇잎처럼 주춤하며 길을 터 주었다.

그곳에는 한 어린아이가 거적때기 위에 누워 검푸른 안색으로 가쁜 숨을 몰아쉬고 있었다. 아이의 이마는 불덩이처럼 뜨거웠고, 가느다란 팔다리는 마치 무언가에 홀린 듯 기괴하게 뒤틀리며 경련을 일으키고 있었다.

"산신께서 노하셨다! 서라벌의 화상이 들어와서 부정을 타서 아이의 영혼을 제물로 거둬 가시려는 것이다!"

무당으로 보이는 늙은 여인이 해골 방울을 흔들며 자장을 향해 독설을 퍼부었다. 주위의 유민들도 절망적인 눈빛으로 자장을 원망했다. 하지만 자장은 이에 아랑곳하지 않고 무릎을 꿇은 채 아이의 가느다란 맥을 짚었다.

"이것은 산신의 노여움이 아니라, 여름내 고인 숲의 삿된 습기와 굶주림이 겹쳐 생긴 장열(障熱)이오. 산신이 어찌 이 가련하고 어린 생명의 죽음을 기뻐하겠소? 내가 모시는 부처님은 이 땅의 산신 또한 불법을 수호하는 고귀한 호법신(護法神)으로 임명하여 이 산에 깃든 모든 중생을 도우라고 명하셨다오. 산신 또한 이 아이를 살리려는 내 손길을 결코 거부하지 않을 것이오."

자장은 품속에서 당나라 원향 선사에게 전해 받은 신효한 비상약인 '구풍단'을 꺼냈다. 그는 정성스럽게 약을 물에 개어 아이의 입술 사이로 흘려 넣었다. 그리고 승실에게 명해 가져온 소금을 따뜻한 물에 타 아이의 온몸을 닦아내게 했다.

"이 아이는 신라의 아이도, 고구려의 아이도 아니오. 오직 문수보살의 지혜를 입어 장차 이 거룩한 산을 지킬 부처의 제자일 뿐이오."

자장은 지극한 마음으로 화엄경을 독송하며 정성껏 기도를 시작했다. 그의 장엄한 독경 소리는 숲을 휘젓던 소름 끼치는 바람 소리를 잠재웠다. 공포와 불신에 질려 있던 유민들의 차가운 마음에도 따스한 온기를 불어넣었다. 한 시진이 흘렀을까, 검푸르던 아이의 얼굴에 핏기가 돌기 시작했고 거칠던 호흡은 평온해졌다. 아이가 마침내 눈을 뜨고 어머니의 가슴에 얼굴을 묻자, 살기등등하게 치켜들려 있던 사내들의 창끝이 힘없이 바닥으로 향했다.

이것이 자장이 척박한 신라 변방에 문수신앙을 심기 위해 사용한 첫 번째 방책, '자비의 치유'였다. 권위와 무력은 몸을 굴복시키지만, 생명을 향한 진심은 영혼을 굴복시킨다는 진리였다.

자장은 그날 밤, 부서진 초막 터에 다시 자리를 잡았다. 하지만 이번에는 홀로가 아니었다. 목숨을 구한 아이의 가족을 비롯해 갈 곳 없는 유민들이 하나둘 자장의 곁으로 모여들었다. 자장은 명주 관부에서 가져온 소중한 소금과 곡식을 그들에게 아낌없이 나누어 주며, 거울처럼 맑은 눈으로 그들을 바라보며 말했다.

"당신들이 믿어 온 산신은 이제 부처님의 법을 지키는 가람신(伽藍神)이자 호법신이 되어 이 오대산을 더욱 신성하게 지켜 줄 것이오. 내가 세우려는 월정사(月精寺)는 달빛처럼 평등하게 당신들의 고단한 삶을 어루만져 주고, 상처를 치유해 주는 안식처가 될 것이오."

고구려 유민 중 한 노인이 떨리는 손으로 자장의 장삼 자락을 잡으며 물었다.

"우리는 나라를 잃고 숲속을 떠도는 비천한 유령들과 같습니다. 신라의 고귀한 큰스님께서 어찌 우리 같은 죄인들을 품으려 하십니까?"

자장은 노인의 굳은살 박인 거친 손을 두 손으로 맞잡았다.

"부처님의 가르침에는 신라도 고구려도 따로 없소. 오직 고통받는 중생과 그들을 구제할 방편이 있을 뿐이오. 그대들이 이 산의 나무를 베고 돌을 날라 절을 세운다면, 그 땀방울의 공덕으로 그대들은 더 이상 유민이 아닌 이 성스러운 땅의 진정한 주인이 될 것이오. 함께 이 산을 부처님의 나라로 일구어 나갑시다."

자장의 이 말에 유민들의 가슴 속에 수년간 응어리진 한과 불신이 눈 녹듯 녹아내렸다. 신라를 향한 증오는 사라졌고, 자신들을 한 인간으로 존중해 준 이 위대한 고승을 위해 기꺼이 불사를 함께하겠다는 서원이 그들의 마음속에서 싹트기 시작했다.

자장은 오대산의 웅장한 다섯 봉우리를 하나하나 가리키며 장엄한 목소리로 선포했다.

"이제 이 산의 동대(東臺)에는 관세음보살의 자비가, 서대(西臺)에는 대세지보살의 지혜가, 남대(南臺)에는 지장보살의 구원이, 북대(北臺)에는 미륵보살의 희망이 깃들 것이오. 그리고 이 모든 기운이 모이는 중대(中臺)에는 법신 비로자나불과 지혜의 문수보살이 상주하실 것이오. 이제 이곳은 명주(溟州)의 어두운 바다를 비추는 영원한 등불이자, 신라 전체를 수호하는 신령한 요새가 될 것이오."

그날 밤, 오대산의 정취는 여전히 고요했으나 숲이 전하는 속삭임은 이전과 확연히 달랐다. 숲의 정령들은 더 이상 자장을 밀어내지 않았다. 토착민들의 망치 소리와 유민들의 서툰 염불 소리, 자장의 독경 소리가 어우러져 신라 불국토의 첫 번째 기둥을 세우고 있었다. 자장의 꿈, 즉 신라 땅을 부처님의 수기를 받은 성지로 만들겠다는 거대한 원력이 마침내 명주의 찬바람을 뚫고 찬란한 꽃을 피우기 시작한 것이다. 이제 오대산은 더 이상 국경의 분쟁지가 아닌, 지혜와 자비가 강물처럼 흐르는 성역으로 탈바꿈하고 있었다.

월정초암의 지혜 달빛

　오대산의 새벽안개 사이로 희미한 연기가 피어올랐다. 자장 율사는 장삼 자락이 축축한 흙바닥에 끌리는 것도 아랑곳하지 않고, 전쟁의 화를 피해 산속 깊은 골짜기로 숨어든 유민들의 임시 거처 앞에 쭈그리고 앉았다. 나무껍질과 마른 억새로 겨우 비바람만 막은 초라한 움막 앞에는 남루한 옷을 입은 아이들이 강아지처럼 옹기종기 모여 있었다. 자장이 아이들에게 말을 건네고 있는데, 얼굴에 주름이 깊게 파인 한 노파가 김이 모락모락 나는 찐 감자 두 알을 투박한 사발에 담아 내밀었다.

　"큰스님, 이런 누추한 곳까지 어찌 오셨습니까. 서라벌 대궐 같은 절에 계셔야 할 귀한 분이 이 험한 오지에서 고생이 많으십니다. 드릴 게 없어 송구합니다만, 이 감자라도 좀 드시지요. 큰스님께 드리기 위해 아껴 두었던 것입니다."

노파의 손은 흡사 거북이 등껍질 같았다. 손등은 갈라지고 피딱지가 앉아 있었다. 거친 칡넝쿨을 헤치고 단단한 땅을 팔며 옹색한 농사를 짓고 있는 산골 아낙네의 삶이 고스란히 담겨 있는 그 거칠고 투박한 손을 자장은 두 손으로 꼭 잡았다.

"이 감자가 제게는 서라벌 왕궁의 어떤 진수성찬보다 달고 귀합니다. 제 가슴에 쌓인 시름이 이 따뜻한 온기에 녹는 듯합니다. 참, 막내 손주의 기침은 좀 잦아들었습니까? 어제 건네드린 도라지 뿌리가 효험이 있어야 할 텐데요."

"승실 스님께서 직접 짚어 주신 혈 자리 덕분인지, 밤새 보채지 않고 잘 잤습니다. 참으로 고맙습니다, 스님. 스님은 저희처럼 버려진 목숨들에게는 부처님 같은 분이십니다."

자장은 옆에 있던 아이의 머리를 쓰다듬으며 빙그레 웃었다. 아이의 때 묻은 얼굴에서 천진한 미소가 피어났다. 자장의 눈빛에는 유민들을 향한 깊은 연민과 인간적인 애정이 가득 담겨 있었다. 그들을 대하는 모습이 엄격한 계율을 따지는 율사가 아니라, 자식의 아픔을 제 살처럼 느끼는 어버이 같았다. 그러나 그 부드러운 눈빛 너머에는 이 땅의 미래를 예견하는 듯한 매서운 혜안 또한 서려 있었다.

자장은 유민들이 힘을 모아 기둥을 세우고 지붕을 올리는 모습을 한참이나 지켜보았다. 그들의 서툰 망치질 소리가 산의 정적을 깨웠다. 자장에게는 그것이 신라의 새로운 맥박 소리처럼 들렸다.

‘당나라의 오대산과 태백산에는 일만의 보살이 상주하며 황제를 보필하고 나라를 지킨다고 하지. 하지만 제국을 지탱하는 진정한 힘은 군대의 날카로운 칼날이나 화려한 전각에 있는 게 아니다. 바로 이 노파의 거친 손마디에, 아이들의 맑은 웃음에, 그리고 그들의 심장 깊숙한 곳에 박힌 흔들리지 않는 믿음에 있다. 나라가 백성을 버리지 않는다는 믿음이 설 때, 백성은 비로소 나라를 위해 방패가 되는 법이다.’

자장의 시선은 비단 당장의 위태로운 국경선에 머물지 않았다. 그는 지금의 신라를 넘어, 장차 하나로 어우러질 천년의 통일신라, 나아가 이 강토 전체가 부처님의 가호 아래 평온을 누리는 거대한 불국토를 꿈꾸고 있었다. 지계(持戒)를 통해 세우고자 하는 호국불교는 단순히 외적을 막는 물리적인 성벽이 아니었다. 이 땅의 모든 중생이 전란의 고통 없이 대대손손 뿌리내리고 살 수 있는 영원한 안식처, 극락정토를 이 땅에 만드는 것이었다.

자장은 명주 도독에게 요청하여 확보한 오대산 일대의 여러 비옥한 터전으로 유민들을 안내했다. 그는 유민들을 한곳에 집단으로 몰아넣어 관리하는 대신, 오대산의 거대한 품속에서 끊임없이 솟아나는 수많은 수원지를 따라 골짜기마다 작은 마을들을 나누어 일구게 했다. 이는 어느 한 곳이 무너져도 신라의 북방이 쉽게 흔들리지 않게 하려는 고도의 전략적 배치이자, 백성들이 각자의 땅에서 스스로 주인이 되어 삶의 터전을 일구게 하려는 자비로운 배려였다.

"승실 스님, 저들을 보게나. 배고픔에 지치고 공포에 떨던 저들이 이제 곳곳에 흩어져 제 손으로 집을 짓고 울타리를 세우고 있지 않나. 나라를 지키는 것은 성벽의 두께가 아니라, 그 성벽 안에 사는 이들이 이 땅을 제 목숨처럼 사랑하게 만드는 것일세. 저들에게 부처님의 가피와 국토의 소중함을 심어야 하네. 그래야만 비로소 저들이 고구려의 세작에게 현혹되지 않고, 장차 하나가 될 신라, 큰 나라의 주인이 될 것이라네. 우리가 저들에게 준 토지는 단순한 땅이 아니네. 신라인으로서의 긍지라는 것을 잊지 마시게."

자장은 승실과 함께 마을을 지나 오대산의 웅장한 능선이 사방으로 뻗어 나가는 산마루에 멈춰 섰다. 자장은 지도를 펼치지 않고도 이 땅의 거대한 물줄기들을 손가락으로 가리키며 한눈에 짚어 내었다.

"이 산이 품은 수많은 수원(水源)들이 보이는가? 동쪽으로는 소금강 계곡이 험준한 바위를 뚫고 연곡천을 따라 기운차게 동해로 뻗어 나가네. 저 물줄기는 바다를 지키는 힘이 될 것이네. 서쪽으로는 을수골이 을(乙)자 형태로 굽이쳐 흐르며 내린천과 소양강으로 이어져 서라벌의 생명줄이 되네. 남쪽으로는 오대천이 쉼 없이 달려 충주호까지 닿으니, 이 산야는 이 땅 전체의 수원이 풍부하게 모이고 흩어지는 거대한 심장과 같은 곳일세. 물이 풍부한 곳에 불법이 흥하고, 백성의 삶이 꽃피는 법. 이 모든 물줄기가 닿는 곳이 곧 내가 지키고 보살펴야 할 부처님의 땅이며, 우리가 지켜내야 할 생명의 근원이네."

자장은 소박한 초암(草庵) 하나를 짓고 거기서 머무르기로 했다. 대국통이 머물 기와집부터 지어야 한다는 명주 도독의 간곡한 청을 만류했다. 부처님의 진신사리를 모시고 7일 밤낮을 오로지 기도로 채울 수 있는 소박한 풀집이면 충분했기 때문이다.

7일간의 기도는 육신을 깎아내는 처절한 투쟁이었다. 첫날부터 숲의 짐승들이 초막 주위를 에워싸고 붉은 안광을 번뜩이며 울부짖었다. 사흘째 되던 날에는 내면에서 올라오는 번뇌와 의심이 그를 옥죄었다. 닷새를 지나자 육신의 고통은 극에 달해 호흡조차 가빠졌다. 하지만 자장은 가부좌를 흩뜨리지 않고 독경의 리듬을 이어 갔다. 이 기도는 자장 자신만을 위한 수행이 아니었다. 이 강토가 천 년 뒤에도 무사하고 백성들이 평안하기를 바라는 지극한 발원이었다.

마침내 7일째 되던 밤, 목숨을 던진 정성에 감복했음인지 하늘이 먼저 움직이기 시작했다. 칠흑 같던 오대산의 밤하늘이 거대한 비단이 찢어지듯 갈라지더니, 서늘하고 영롱한 달빛이 폭포수처럼 쏟아져 내렸다. 그 빛은 계곡들을 타고 흘러내려 마치 은하수가 지상으로 내려온 듯한 '달빛의 강'을 이루었다. 빛이 닿는 곳마다 숲의 어두운 귀기는 씻겨 내려갔고, 기괴하게 일그러졌던 그림자들은 스스로 자취를 감추었다.

그 정적의 한복판에서, 눈부신 달빛을 갑옷처럼 입은 문수 보살이 황금 사자의 등에 올라탄 채 찬란한 빛 속에서 나타났다. 보살의 눈은 태양보다 밝았으나 그 시선은 봄볕처럼 따스했다.

"자장, 그대의 원력이 이 험한 산을 깨웠구나. 이곳은 예부터 지혜가 머무는 산이니, 이 달빛이 강물처럼 머무는 초암에 부처의 진신을 머물게 하라. 지혜의 정수가 하늘에서 땅으로 내려와 영원히 깃들 것이니, 이곳을 월정(月精)이라 부르리라. 그대의 기도가 이 땅의 맥박이 되어 천 년을 흐르리라."

보살의 사자후가 사라진 자리에는 여전히 푸르스름한 달빛의 잔상이 거대한 기둥처럼 서 있었다. 자장은 그 작은 초암을 '월정초암'이라 이름 붙였다. 백성들의 마을이 먼저 안정되고 그들의 마음속에 부처의 지혜가 씨앗처럼 깃드는 게 우선이었기에 자장은 거대한 외형을 갖춘 사찰 불사는 뒤로 미루고 초암에서 머물렀다.

자장은 날마다 마을로 내려가 백성들에게 당나라에서 배워온 선진 불교 사상과 예법, 그리고 세상을 살아가는 지혜를 전했다. 미개한 무속에 의지하며 두려움 속에 살던 이들이 '지혜의 달빛' 아래 새로운 문명의 일원으로 거듭났다. 자장은 이 작은 초암과 흩어진 백성들의 마을들을 하나로 연결하여 신라, 국가와 국민을 선덕여왕을 중심으로 결합하는 거대한 '정신적 네트워크'를 구축해 나갔다.

　훗날, 자장이 심은 지혜의 씨앗은 거대한 산맥의 혈맥을 타고 오대산의 다섯 봉우리로 뻗어 나갔다. 그가 세상을 떠난 뒤에도 월정초암에서 피어오른 달빛의 서기는 사그라지지 않았다. 또한 신라의 왕실과 백성들은 그 신령한 기운을 따라 오대산의 깊은 품으로 모여들었다.

　성덕왕 4년(705년), 자장의 못다 이룬 염원은 두 왕자, 보천(寶川)과 효명(孝明)에 의해 찬란하게 꽃을 피웠다. 그들은 자장이 보았던 문수보살의 자취를 좇아 오대산의 다섯 방위에 각각의 보살이 상주하는 성스러운 도량을 완성하여, 온 나라를 하나로 묶는 거대한 불국토의 기틀을 다졌다.

　산의 심장부인 중내(中臺)에는 문수보살이 일만 권속을 거느리고 머무는 상원사(上院寺)가 들어섰다. 이곳은 자장이 처음 보살의 진신을 친견하고자 했던 성지로, 천하의 모든 지혜가 모여들고 다시 만백성에게로 흩어져 나가는 정신의 원천이자 지혜의 시원이 되었다.

　사방을 수호하는 봉우리들 또한 각기 보살의 원력을 품어 장엄한 법의 산문을 이루었다. 동해의 햇살을 가장 먼저 맞이하며 중생의 고통을 씻어내는 동대(東臺)의 관음암과 서방정토의 길목에서 한강의 뿌리인 우통수를 품은 서대(西臺)의 수정암이 자비와 정토의 기운을 다스렸으며, 상왕봉 아래 엄격한 수행의 보루가 된 북대(北臺)의 미륵암과 고통받는 망자를 구제하는 지장보살의 도량인 남대(南臺)의 지장암이 그 뒤를 받치며 산의 균형을 완성했다.

이로써 자장이 처음 월정초암의 기둥을 세웠을 때 소망했던 '법의 인드라망(제석천의 궁전 위에 끝없이 펼쳐진 그물)'이 완성되었다. 두려움에 떨며 흩어져 살던 백성들은 이제 산의 어느 봉우리를 바라보아도 자신을 보살피는 보살의 자비로운 눈길을 느낄 수 있었다. 지혜와 자비, 계율과 정토, 그리고 구제라는 다섯 개의 가치가 오대산이라는 거대한 인드라망을 통해 온 신라 땅으로 물결처럼 번져 나갔다.

월정초암에서 시작된 그 푸르스름한 달빛의 잔상은 이제 한 줄기 기둥이 아니라, 서라벌의 대궐부터 변방의 초가까지 골고루 비추는 문명의 등불이 되었다.

부처의 진신사리를
깊은 바위 아래 모시다

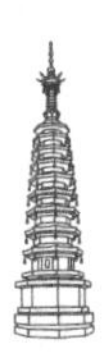

오대산 비로봉에서 시작된 산의 숨결은 여러 겹의 능선을 거
치며 흩어지는 듯하다가, 중대(中臺)에 이르러 다시 한 점으로
돌아왔다. 좌우의 산줄기는 마치 오래전부터 약속이나 한 듯
서로를 비켜서 있었고, 그 사이로 흐르는 기운은 막힘없이 깊
숙이 스며들었다. 모이고, 고이고, 머무는 자리. 이곳은 세월이
겹겹이 쌓여도 그 중심이 흔들리지 않는 천하의 명당이자, 하
늘의 뜻이 지상으로 내려와 맺히는 신령한 혈처(穴處)였다.

중대 앞에서는 산마저 제 위세를 낮추고 고개를 숙였다. 안
산(案山)은 몸을 굽혀 외부의 삿된 기운을 막아섰고, 동·서·
남·북 사방의 봉우리들은 마치 한 송이 거대한 연꽃의 꽃잎처
럼 펼쳐져 오직 한 곳을 향해 고요히 모여들었다. 그 형국은
마치 우주의 모든 신장(神將)이 누군가의 준엄한 명을 기다리며
합장하고 서 있는 듯한 장엄함을 자아냈다. 아직 울리지 않은

종소리를 품은 법당처럼 대지는 무거운 정적 속에 신성한 기운을 가득 머금고 있었다. 자장 율사는 이 신비로운 땅의 한복판에 서서, 당나라 오대산에서 친견한 문수보살의 가르침을 신라의 흙 위에 옮겨 심을 최후의 성지를 묵묵히 응시했다.

"스님, 이곳은 정말 기이할 정도로 평온합니다. 산의 모든 생명이 숨을 죽이고 부처님의 나투심을 기다리는 것만 같습니다."

곁을 지키던 승실이 경외감에 찬 목소리로 나직이 말했다. 자장은 답 대신 중대 기슭에 자리 잡은 평평한 바위를 가리켰다. 화려한 단청을 칠한 금당이나 하늘을 찌를 듯한 거대한 석탑을 세워 인간의 위세를 과시할 자리가 아니었다. 부처의 참된 진리는 형상에 갇히지 않음을, 자장은 이곳의 지기(地氣)를 온몸으로 느끼며 다시금 확신했다.

자장은 명주 도독이 보낸 숙련된 석공들과 유민들에게 엄중히 명했다.

"이곳에 화려한 탑을 세워 사람의 눈을 현혹하지 말게. 부처님의 진신사리는 저 바위 아래, 아무도 알 수 없는 깊은 곳에 봉안할 것이네. 이 산 자체가 하나의 거대한 탑이 될 것이며, 이 흙 한 줌, 돌멩이 하나하나가 부처님의 가르침이 될 것일세."

자장의 말을 듣고 사람들은 의아해했다. 당시의 관습으로는 사찰을 창건하면 높이 솟은 탑으로 그 권위를 나타내는 것이 상식이었기 때문이다. 하지만, 자장의 생각은 달랐다. 그는 당나라에서 가져온 정골(頂骨)사리, 즉 부처님의 무한한 지혜가 서린 뇌 사리를 정성스레 바위 아래 깊숙이 묻고 정확한 봉안 위치를 밝히지 않았다. 이는 "오대산에서 가장 높은 비로봉의 맥이 닿는 곳에 부처님이 상주하신다."라는 믿음을 백성들의 가슴속에 더욱 단단히 각인시켰다.

또한 그 주변에 세워진 전각은 여느 법당과는 궤를 달리했다. 이름하여 적멸보궁(寂滅寶宮). 모든 번뇌와 다툼의 불길이 꺼진 고요한 보배 궁전이라는 뜻이다. 석가모니의 진신사리를 모신 전각이기에 법당 안에는 불상을 모시지 않았다. 오직 텅 빈 불단만이 놓였고, 창 너머로 사리가 묻힌 산의 기운만이 폭포처럼 흘러들 뿐이었다.

"불상은 사람의 손으로 빚은 형상이지만, 진신사리는 부처님의 살아 있는 법신(法身)이다. 형체가 있는 것은 언젠가는 허물어지게 되어 있으나, 보이지 않는 곳에 깃든 부처님의 자비 원력은 영원히 이 국도를 수호할 것이다."

자장은 다섯 명의 스님을 선발하여 보궁을 관리하는 암자인 상원사에 머물게 했다.

"그대들은 매일 아침저녁으로 부처님 진신사리에 맑은 차(茶) 공양을 올리고, 신라국의 국태민안과 삼국통일의 대업을 위해 기도하라. 한순간도 향불을 꺼뜨리지 마라. 그대들의 기도가 멈추는 날, 신라의 기운도 멈출 것임을 명심하라."

다섯 스님의 장엄한 목소리가 산세에 울려 퍼질 때마다, 오대산에 뿌리 깊게 박혀 있던 토착 산신 신앙은 자연스럽게 불교와 습합되었다. 자장은 태백산의 신앙과 단군신앙이 융합된 이 땅의 정서를 무리하게 깨뜨리지 않고, 오히려 산신을 불법을 수호하는 호법신(護法神)으로 품어 안았다. 바닷가 용왕신앙이 호국룡으로 변모하듯, 오대산의 산신은 이제 신라의 북방 국경을 지키는 든든한 가람신이 되었다.

봉안식이 끝날 무렵, 오대산에는 장엄한 정적이 흘렀다. 자장은 중대 기슭을 내려오며 멀리 고구려와 맞닿은 아득한 능선을 바라보았다. 화려한 금칠을 한 불상은 없었으나, 바위 아래 묻힌 진신사리의 빛은 그 어느 때보다 강렬하게 신라의 국토를 비추고 있었다.

이제 신라는 문수보살의 지혜와 사자의 용맹함을 지닌 나라로 거듭나고 있었다. 자장이 당나라 오대산에서 가져온 문수보살의 등불이 신라 오대산에서 비로소 타오르기 시작한 것이다. 이는 왕권을 강화하고 삼국 통일이라는 새로운 시대를 열어가는 위대한 정신적 원동력이었다.

오대산 적멸보궁의 바람은 이제 국경의 차가운 냉기가 아니었다. 그것은 모든 번뇌가 사라진 '적멸'의 평화이자, 부처의 자비로운 가르침이 온 국토에 스며드는 영원한 전령이었다. 자장의 첫 번째 대업은 이렇게 산의 고요함 속에 가장 깊고 단단한 뿌리를 내렸다.

2 장

왕족으로 태어나다

세속의 영화를 뒤로하고 출가

자장은 사월 초파일에 태어났다. 서라벌 사람들은 훗날 그 날을 떠올리며 말하곤 했다.

'부처님 오신 날, 서라벌에도 한 아이가 함께 왔다'고.

자장은 신라의 최고 관등인 소판(蘇判)을 지낸 김무림(金茂林) 과 미실궁주의 손녀딸인 유모 부인 사이에서 어렵게 얻은 아 들이었다. 당시 김무림은 서라벌에서도 손꼽히는 위세를 자랑 했다. 병권을 쥐고 화백회의의 대등으로서 국정을 논하던 무 림의 권세는 하늘을 찔렀다. 그러나, 정작 그의 거대한 저택 안에는 아이의 웃음소리가 들리지 않아 늘 적막만 감돌았다. 무림에게는 오랫동안 자식이 없었기 때문이었다. 이에 신라의 정치를 막후에서 움직이던 미실궁주는 자신의 손녀딸인 유모 부인이 성스러운 아들을 얻을 수 있도록 지극한 원을 세웠다.

그녀는 관세음보살상 천 분을 조성하여 모시고 날마다 기도를 올리며 서원했다.

"만일 제 손녀가 아들을 얻게 된다면, 그 아이를 세속의 영화를 쫓는 범부가 아니라 부처님의 자비와 지혜의 광명으로 고통받는 이들을 비추는 등불로 삼고, 진리의 바다를 건너는 나룻배가 되게 하겠습니다."

이러한 간절함이 하늘을 감복시켰음일까. 어느 날 밤, 유모 부인은 밤하늘의 은하수 사이에서 가장 밝은 별 하나가 떨어져 자신의 품 안으로 깊숙이 박히는 태몽을 꾸고 아이를 가졌다. 마침내 사월 초파일, 만물이 생동하고 부처님의 탄생을 축하하는 향기가 온 성안에 가득한 날, 아이의 첫 울음소리가 터져 나왔다. 그의 이름은 김선종(金善宗). 태어난 날이 부처님과 같았을 뿐만 아니라, 갓 태어난 아이의 용모가 부처님의 서른두 가지 특징인 삼십이상 팔십종호를 닮았다고 하여 사람들은 그를 '아기 부처'라 부르며 경배했다.

선종은 다른 아이들과는 비교조차 할 수 없을 정도로 영민했다. 말과 글이 빠르게 트인 것은 물론이고 성품 또한 사려 깊고 비단결처럼 유순했다. 그를 마주하는 사람마다 마음의 응어리가 녹아내리는 기적을 경험했다.

그러나 빛이 강하면 그림자도 깊은 법이었다. 그의 삶은 시작부터 '이별'이라는 처절한 고통을 감내해야 했다. 유모 부인은 선종을 낳은 이듬해, 딸 법승랑(法乘娘)을 낳고 불과 칠 일

만에 산후병을 이기지 못한 채 세상을 떠났다. 갓난아이 남매를 남겨 둔 채 허망하게 가버린 어머니의 죽음은 어린 선종의 가슴에 지워지지 않는 마음의 상처가 되었다. 자장의 여동생인 법승랑은 훗날 세 아들을 낳았는데, 신라 밀교 신인종의 비조인 명랑 대사와 국교, 의안 대덕이 바로 그녀의 아들들이다. 신라 불교의 거대한 기둥을 세운 보살이라는 찬사가 아깝지 않은 인물이 바로 자장의 여동생 법승랑이다.

훗날 자장은 부처님 또한 탄생 칠 일 만에 어머니 마야부인을 잃었다는 이야기를 접했을 때 전율이 일었다. '깊은 불연(佛緣)이로구나.' 하는 깨달음, 일찍 세상을 떠난 어머니와의 인연 또한 출가자로 만 중생을 위해 살아야 할 자신의 삶과 무관하지 않다는 것을 알아차렸다.

어머니를 잃은 자장은 아버지 김무림의 지극한 보살핌 속에서 자랐다. 무림은 호랑이 꼬리를 맨손으로 움켜쥐어 내던질 만큼 강인한 기골의 무인이었다. 그러나, 한편으로는 겨울날 길에서 떨고 있는 노파에게 자신이 입고 있던 갖옷을 벗어 줄 만큼 자애로운 인물이었다. 그래서 사람들은 그를 '탈의(脫衣) 지장보살'이라 부르며 칭송했다. 자장은 이러한 아버지의 강건한 자애로움과 어머니의 세밀한 자비심을 동시에 물려받았다.

자장은 인물도 수려하고 몸집도 장대했다. 두뇌 또한 매우 명석하여 서라벌의 모든 귀족 청년들이 그를 동경했다. 그러나, 정작 자장은 화려한 연회나 권력의 암투를 멀리하고 홀로 서라벌 남산에 올라 고요히 사색하는 시간을 즐겼다.

열다섯 살이 되던 해, 자장은 가문의 뜻에 따라 명문가의 규수를 아내로 맞았다. 어머니의 부재로 인해 시렸던 가슴은 아내의 따스한 온기로 채워졌다. 자장은 아내에게서 잃어버린 모성의 조각들을 발견했고, 두 사람은 세상에서 가장 화목한 부부가 되었다. 세속의 영화와 소판이라는 높은 관등, 그리고 아름다운 아내까지. 그는 남부러울 것 없는 삶의 정점에 서 있었다.

그러나 운명은 그에게 다시 한번 가혹한 칼날을 들이밀었다. 매서운 북풍이 몰아치던 어느 겨울밤, 아이를 품은 아내는 해산 중에 끝내 숨을 거두고 말았다. 어머니가 그러했듯, 아내 역시 새 생명을 세상에 내놓으며 자신의 목숨을 바꾼 것이다. 자장은 차갑게 식어가는 아내의 손을 잡고 무너지는 하늘 아래서 오열했다. 반복되는 생사의 수레바퀴 앞에서 그는 하루도 편히 숨 쉴 수 없었다. 슬픔을 잊기 위해 독한 술을 동이째 들이켰으나 가슴 속의 구멍은 메워지지 않았다.

"어찌하여 나에게만 이토록 시련이 겹치는가. 전생의 업장이 얼마나 두터우면 사랑하는 여인들이 모두 내 곁을 떠나는가!"

그러던 어느 날, 그는 괴로움을 떨치고자 하인 실(實)을 데리고 남산으로 매사냥을 나갔다. 실은 무술과 사냥에 능하여 아버지 무림이 아들의 호위로 붙여준 충직한 청년이었다. 숲속에서 자장이 기르던 매가 날카로운 발톱으로 수꿩 한 마리를 낚아채는 순간이었다. 매가 꿩을 찢어발기는 잔인한 광경 너머로, 자장의 눈에는 풀숲에 숨어 부르르 떨고 있는 새끼 꿩들과 그 곁에서 목을 놓아 울부짖는 어미 꿩의 모습이 들어왔다.

그 찰나의 순간, 자장의 뇌리에는 세상을 떠난 어머니와 아내, 그리고 엄마를 잃고 남겨진 어린 생명들의 고통이 파노라마처럼 스쳐 지나갔다. 온몸이 벼락을 맞은 듯 떨려 왔다. 자신이 유희로 저지른 이 행위가 곧 우주의 소중한 생명을 끊는 끔찍한 살생임을, 그리고 그 살생이 또 다른 슬픔과 원한의 씨앗이 됨을 비로소 깨달은 것이다.

"인생은 아침 이슬과 같고, 부귀영화는 뜬구름과 같구나. 왕후장상의 권세가 죽음의 문턱 앞에서 무슨 소용이 있겠는가!"

자장은 그 자리에서 스스로 칼을 들어 머리카락을 잘라냈다. 싯다르타 태자가 성문을 넘어 고행의 길로 들어서던 그 순간처럼, 자장 역시 세속의 모든 끈을 단호히 끊어냈다. 그는 아내와 행복한 시간을 보냈던 집을 수리하여 부처님을 모시고 '원녕사(元寧寺)'라 이름 지었다. 서라벌 최고의 진골 귀족 김선종은 죽고, 수행자 '자장(慈藏)'이 태어났다.

그는 화려한 집을 사찰로 내어 주고 홀로 거친 장삼 한 벌을 걸친 채 깊은 산으로 향했다. 그의 가슴 속에는 오직 하나의 서원만이 불타고 있었다.

"내가 부처가 되어, 이 땅에서 '고통'이라는 것이 없어지게 하리라. 생사의 고통 바다에서 허우적거리는 모든 중생을 구원할 나룻배가 되리라."

자장은 그렇게 자신의 삶을 세상의 가장 깊은 상처 속으로 던졌다. 그것은 그가 세상을 향해 건넬 수 있는 가장 위대한 자비이자, 덧없는 인생에 대한 유일한 답이었다.

해골을 안고 정진하는 고독한 수행자

출가를 결심하고 머리를 깎았을 때, 자장은 이미 헌헌장부(軒軒丈夫)의 기개가 완연한 청년이었다. 장대한 기골에 맑은 눈빛을 지닌 그가 장삼을 걸치자 서라벌의 대중들은 그를 '부처님의 현신'이라 칭송했다. 하지만 정작 그의 속 뜰은 황폐하기이를 데 없었다. 세월이 흐를수록 자장은 이 화려한 세상에서도저히 숨을 쉬며 살 수 없는 자신을 발견했다. 눈을 감으면어머니 유모 부인의 모습이 아른거렸고, 눈을 뜨면 해산 중에허망하게 가버린 아내의 찬 손이 온몸을 휘감았다.

"인생이 어찌 이리 허무하단 말인가. 정을 준 이들은 모두나를 떠나고, 남은 것은 가슴을 후벼 파는 시린 바람뿐이로구나."

자장은 비장한 결심을 굳혔다. 어머니가 자신을 낳고 홀연히 가신 이유, 아내가 자신을 만나 그토록 뜨겁게 사랑하다가

갑자기 떠난 이유는 무엇인가? 그 이유를 알아야 살 것 같았다. 스스로 고통에서 벗어나면 다른 이들도 고통에서 벗어날 수 있도록 이끌어 줄 수 있을 것 같았다.

"떠나자. 서라벌 금성(金城), 이곳에서 머뭇거리는 순간순간이 지옥이다. 이곳은 내가 머물 곳이 아니다. 어서 떠나야 한다."

그는 어린 시절 황룡사에서 원광 법사의 설법을 듣던 날을 떠올렸다. 당시 법사는 장엄한 목소리로 이렇게 설파했다.

"일자출가 구족생천(一子出家 九族生天), 집안에서 한 사람이 출가하면 그 공덕으로 아홉 대의 친족이 천상에 태어난다."

자장은 다짐했다. 자신이 사문(沙門)의 길을 걸어 어머니와 아내의 무서운 업장의 고리를 끊어 내겠노라고. 그들의 윤회를 멈추고 천상에서 안식을 얻게 하겠노라고. 그는 서라벌을 떠나며 나직이 입산가(入山歌)를 읊조렸다.

"인생이란 무엇인가

이렇게도 괴로운가

인간이란 괴로운 존재

가고파라 암자여,

가지 마라 왕자여,

안 된다 아니 된다.

인간 속세 떠나서

암자 속에 살리라.”

　자장이 발길을 멈춘 곳은 양산 동천(洞川) 개울가였다. 영축산의 영묘한 기운이 감도는 그곳은 수행을 위한 최고의 명당 터였다. 자장은 산기슭 가파른 절벽 아래에 손수 작은 초가 암자를 지었다. 훗날 자장암이라 불리게 될 그곳은 비록 절터는 작았으나 범접할 수 없는 기품을 지니고 있었다. 기암괴석이 병풍처럼 둘러싸고, 동천 계곡 너럭바위 아래로는 암반수가 흘렀다. 바위마저 하나로 뭉쳐 암자의 구색을 완벽하게 갖춘 수행처였다. 동천 계곡을 따라 흐르는 거친 물줄기는 마치 자장의 요동치는 마음을 대변하듯 거세게 굽이쳤다.

　자장은 먼저 흔들리는 마음을 가라앉히는 수행에 전념했다. 계곡의 너럭바위 위에 가부좌를 틀고 앉아 숨을 고르며 정신을 힌곳에 모았다. 몸을 관찰하고 마음을 바라보는 ‘알아차림(명상)’ 수행이었다. 몸과 마음이 일으키는 모든 작용을 그대로 바라보며, 오롯이 몸과 마음을 집중하는 데 자신을 맡겼다.

　눈을 감고 고요히 몸을 응시하자, 육신은 더 이상 하나의 덩어리가 아니었다. 뼈마디들이 하나씩 풀려나 사방으로 흩어지는 환영이 보였다. 발뼈와 장단지뼈, 넓적다리뼈와 허리뼈, 등뼈와 어깨뼈, 목뼈와 머리뼈가 제각기 떨어져 나가 낯선 형상을 이루었다. 뼈들이 흩어져서 새로운 모습을 만들어 내는 것을 지켜보며, 그는 육신에 대한 집착이 얼마나 허망한 것인지 그 이치를 알 것 같았다.

이어서 그는 부정관(不淨觀) 수행에 몰두했다. 머리끝부터 발끝까지, 이 몸이 사실은 눈물과 콧물, 똥과 오줌, 가래침과 피고름으로 가득 찬 부정한 포대기에 불과하다는 것을 인식하며 낱낱이 떠올렸다. 머리털 아래에는 눈물과 콧물이 흐르고, 뱃속에는 오물이 가득하며, 고름과 피가 뒤섞여 있음을 하나하나 세밀하게 관찰했다. 그렇게 너럭바위에 앉아서 온종일 물 한 모금 먹지도 않고 수행했다. 그때 자장을 가장 괴롭힌 것은 굶주림도 추위도 아니었다. 그것은 죽은 아내에 대한 사무치는 그리움이었다. 내밀한 속내까지 관찰하면서 괴로움은 점점 더 커졌다. 고왔던 아내의 미소가 선명하게 드러나 마음 깊은 곳을 끈질기게 흔들었기 때문이다.

상상 속의 부정관 수행만으로는 아내에 대한 집착을 끊을 수 없다고 판단한 자장은 마침내 파격적인 결단을 내렸다. 그는 자신을 보호해 주기 위해 어릴 때부터 그림자처럼 따라다니다가 출가한 시자 승실(僧實) 스님을 불렀다. 승실은 자장의 부친 김무림 소판으로부터 "도련님을 목숨 걸고 지키라."라는 지엄한 명을 받은 인물이다.

"승실 스님, 공동묘지에 가서 묘지 밖으로 드러난 시신 가운데에서도 가장 잘 썩은 여인의 해골을 하나 구해 올 수 있겠는가?"

승실은 경악했다.

"주인님! 그 흉측한 해골을 대체 어디에 쓰시려고 이리 험한 심부름을 시키시는 겁니까?"

"그래, 무서워서 못 구해 오겠다는 말인가?"

"아닙니다. 소인은 소판 주인어른의 명을 받들었습니다. 아무리 두렵고 꺼려지는 일이라도 해야지요."

일주일 뒤, 승실은 겁에 질린 얼굴로 조그만 여인의 해골바가지를 구해 왔다. 자장은 그것을 두 손으로 받아 들고 동천 개울가로 갔다. 차가운 물에 담가 여러 번 씻고 또 씻었다. 그리고는 일주일 동안 너럭바위 위에 올려두고 햇볕과 바람에 말려 해골을 정화했다. 밤이 되자 자장은 그 해골을 안고 침실로 들어갔다.

"이제부터 너는 나의 아내다. 내가 밤마다 너를 품으리라."

사장은 그날 이후로 석 달 열흘 동안 매일 밤 해골을 안고 잠자리에 들었다. 손에 닿는 것은 차가운 뼈뿐이었으나, 마음속에는 살아생전의 아내 모습이 또렷이 피어올랐다. 그러던 어느 밤, 꿈속에 부인이 나타났다. 생전의 모습 그대로였으나 눈빛은 한없이 고요했다.

"서방님, 어찌하여 이런 괴이한 일을 벌이십니까. 천하의 대장부께서 한 여인에게 마음을 매달아 이토록 스스로를 괴롭히고 계십니까. 서방님은 신라의 중생을 건지고 이 땅을 부처님의 나라로 이끌 분입니다. 이제 저를 향한 그 마음으로 신라의 백성을 사랑하십시오. 지혜로운 문수보살의 화신으로 살아가십시오."

잠에서 깨어났을 때, 가슴을 짓누르던 응어리가 스스로 풀려나갔다. 붙들고 있던 것은 사랑이 아니라 집착이었음을, 놓아야 할 것은 사람이 아니라 자신의 마음이었음을 비로소 깨달은 것이다. 자장은 해골을 내려놓고 합장했다.

그 순간, 마음의 때가 말끔히 씻겨 내려가는 듯했다. 고요한 충만함이 차올랐다. 동천의 깊은 골짜기에서 홀로 정진하던 자장은, 이제 한 여인의 남편이 아닌 신라 전체의 어버이, 지혜의 화신으로 거듭나고 있었다.

어느 날 자장이 공양미를 씻으려고 암자 옆 옹달샘에 갔을 때였다. 맑은 물속에 개구리 한 쌍이 평화롭게 노닐고 있었다.

자세히 들여다보니 그 개구리들은 여느 것들과 달랐다. 입과 눈가에 선명한 금줄이 나타나 있었으며, 몸은 영롱한 금빛 기운을 띠고 있었다. 계절은 이미 매서운 겨울로 접어들어 온 산하가 꽁꽁 얼어붙었는데도, 이 개구리들은 겨울잠을 자러 가지 않고 얼음이 언 샘 속에서 마치 봄날인 듯이 노닐고 있었다. 자장은 이 미물들의 비범한 기운을 알아보고 미소 지었다.

"너희 또한 부처님의 수기를 받은 생명들이로구나. 추운 겨울을 어찌 나려 하느냐?"

자장은 개구리들이 편히 쉴 수 있는 자리를 마련해 주기 위해 암자 뒤편의 커다란 바위로 다가갔다. 그는 청정한 수행력으로 손가락 끝에 기운을 모아, 단단한 바위를 마치 두부인 듯 찔러 구멍을 뚫었다. 바위에 구멍이 뻥 뚫렸고, 자장은 조심스럽게 개구리 한 쌍을 그 안으로 넣어 주었다.

"영원히 죽지 말고 이곳에 살면서 자장암을 지켜 다오."

자장은 개구리들에게 '금와(金蛙)보살'이라는 이름을 지어주며 수기를 내렸다. 이 신비로운 이야기는 훗날 역사 속에서도 그 흔적을 드러낸다. 『삼국유사』 권3 「전후소장사리」 조에 따르면, 고려 때 지방장관인 안렴사가 불심이 돈독하여 부처님의 진신사리를 친견하고자 금강계단의 돌 뚜껑을 열어 보았을 때, 그 돌함 속에 커다란 두꺼비 한 마리가 쪼그리고 있었다는 기록이 전해진다. 그 후부터는 누구도 감히 그 돌 뚜껑을 열어 보지 못했다고 한다.

오늘날까지도 통도사 자장암 바위 구멍에는 금와보살이라 불리는 금개구리가 상주하며, 절에 상서로운 일이 있을 때면 어김없이 모습을 드러낸다고 한다.

차라리 계를 지키다 죽을지언정

동천 자장암의 밤은 깊었고, 자장의 명상 수행은 끝이 없었다. 한때 사랑했던 아내에 대한 사무친 그리움에서 벗어나기 위해 해골까지 품었던 자장, 생사의 처절한 집착을 완전히 내려놓은 자장의 심신은 이제 이전과는 비교할 수 없을 만큼 투명하고 단단해져 있었다. 고통의 근원을 피하지 않고 정면으로 직시하여 얻은 깨달음은 그의 영혼을 더욱 깊은 지혜의 심연으로 이끌었다.

육신의 덧없음을 뼈저리게 확인한 자장에게 이제 세상의 모든 인연은 찰나의 꿈과 같았으며, 대지를 스치는 바람과 흐르는 물소리조차 거대한 법문으로 다가왔다. 그의 의식은 이제 개인의 슬픔을 넘어 온 우주가 겪고 있는 근원적인 고통에 닿아 있었다.

그러던 어느 날 밤, 암자 주위에 기이하고도 장엄한 광경이 펼쳐졌다. 잠결인지 삼매(三昧) 중인지 분간할 수 없을 정도로 신비로운 찰나였다. 하늘에서 눈부신 오색 광채가 폭포처럼 쏟아지더니 천인(天人)이 내려와 자장 앞에 섰다. 천인의 자태는 눈이 부셔서 똑바로 바라볼 수 없었다. 그에게서 풍겨 나오는 침향보다 깊은 향기가 온 암자를 가득 채웠다. 천인의 음성은 계곡의 물소리보다 맑으면서도 산천을 울리는 위엄이 서려 있었다. 천인의 말은 한마디 한마디가 자장의 심장을 꿰뚫는 일침(一鍼)과 같았다.

"자장 스님, 신라에 불법이 전해진 지 이미 한 세기가 넘었다 하나, 아직도 이 땅의 불자들은 무엇을 믿고 무엇을 행해야 할지 갈피를 잡지 못하고 있습니다. 수계의식과 출가의식이 엄격히 확립되지 않았으니, 그저 머리만 깎고 가사를 걸쳤다고 하여 어찌 중생의 귀의처인 삼보(三寶) 가운데 성스러운 승보(僧寶)라 하겠습니까. 진정한 사문(沙門; 스님)은 겉모습에 있는 것이 아니라 부처님의 가르침을 몸소 실천하고, 계율을 지키는 데 있습니다."

천인은 자장에게 진정한 사문이 되는 길은 오직 부처님의 엄중한 계율을 가슴에 새기고 실천하는 데 있음을 설파했다. 사문은 제 머리를 스스로 깎을 수 없으며, 반드시 법을 내려주는 계사(율사)로부터 여법한 의식을 통해 법맥을 이어받아야 비로소 하늘과 땅이 인정하는 사문이 된다는 것이었다.

"오늘 밤, 제가 부처님을 대신하여 스님에게 오계(五戒)를 내릴 것이니 무릎을 꿇고 합장하십시오. 이는 수행자가 마땅히 지켜야 할 다섯 가지 생명의 등불이자 영원한 도덕의 나침반입니다.”

자장은 온몸에 전율을 느끼며 차가운 바위 위에 무릎을 꿇었다. 천인은 하나하나 준엄한 목소리로 계율을 읊으며 자장의 영혼에 새겨 넣었다. 살아 있는 모든 생명의 존엄성을 지키고 죽이지 말 것(不殺生), 정직하게 땀 흘려 일하며 남의 물건을 탐내지 말 것(不偸盜), 삿된 음행으로 타인의 마음과 삶을 파괴하지 말 것(不邪淫), 남을 속이지 말고 신의를 지킬 것(不妄語), 그리고 마지막으로 지혜를 흐리게 하는 술을 멀리하여 늘 맑은 정신을 유지할 것(不飮酒)이었다.

“이 오계는 단순히 금지하는 명령이 아니라, 스님이 부처로 나아가기 위한 가장 단단한 주춧돌입니다. 지킬 수 있겠습니까? 진정으로 지킬 결심이 섰다면 ‘네.’ 하고 대답하십시오.”

“네, 목숨을 다해, 아니 세세생생 이 계율을 지키겠습니다!”

자장의 대답은 동천 골짜기의 안개를 흩뜨릴 정도로 웅장하게 울려 퍼졌다. 천인은 만족한 듯 은은한 미소를 지으며 덧붙였다.

“이제 스님은 비로소 진정한 출가 사문으로 다시 태어났습니다. 이제부터는 계율을 스승으로 삼고 의지하십시오. 계율은 부처님이 살아생전 몸소 행하신 고귀한 행위 그 자체입니다. 계율을 지키는 자는 여래(부처)와 수만 리 떨어져 있어도 항상 여래의 품 안에서 숨 쉬는 삶이고, 계율을 어기는 자는 설령 여래와 한방에 기거할지라도 그 마음은 이미 여래와 팔만 리나 떨어져 있는 것과 같습니다. 계율에 의지하고 계율을 스승으로 삼아 중생을 비추십시오."

날이 밝았다. 자장은 꿈속에서 신령한 존재에게 직접 계를 받는 서상수계(瑞相受戒)를 받았음을 알았다. 이는 사람의 손을 거치지 않고 하늘의 증명을 받은, 신라 불교사에서 유례를 찾아보기 힘든 성스러운 사건이었다. 이제 자장에게 계율은 단순한 규칙이나 제약이 아니라 그의 피와 살이 되었다. 생명 그 자체가 된 것이다.

수행자가 청정한 계율을 깨뜨리는 파계(破戒)는 곧 진리를 담는 그릇을 깨뜨리는 '파기(破器)'와 같다. 깨진 그릇에 물을 담으면 차지 않듯이 계율을 깨뜨리면 백 년을 닦아도 깨달음의 물을 채울 수 없다는 사실이 뼛속 깊이 각인되었다.

이후 자장은 동천 자장암을 오가는 초부(樵夫; 나무꾼)들과 인근 마을 백성들에게 부처님의 계행을 일러주기 시작했다. 그는 불자가 지켜야 할 최소한의 도리인 수계(受戒)를 주면서 사람들에게 어둠 속의 길을 찾는 법을 가르쳤다. 서라벌의 고귀한 왕족이자 소판의 자제라는 화려한 신분을 모두 내려놓고, 가장 비천한 백성들과 무릎을 맞대며 그들의 투박한 손을 잡고 계율을 설하는 그의 모습은 신라 땅에 큰 파문을 일으켰다. 자장의 청정하고 지엄한 계율 정신은 입에서 입으로 전해졌고, 그의 명망은 영남의 산천을 넘어 도성인 서라벌까지 자자하게 퍼져 나갔다. 사람들은 그를 '살아 있는 문수보살의 화신'이라고 칭송하였다.

자장의 나이 스물다섯이 되던 어느 눈부신 봄날, 평화롭던 동천 초암으로 갑자기 서라벌의 사자(使者)들이 흙먼지를 일으키며 들이닥쳤다. 당시 신라의 왕은 진평왕이었다. 왕은 자장의 명망이 갈수록 높아지고 온 백성의 존경이 그에게 집중되는 것을 허투루 보지 않았다. 왕실의 친족이자 당대 최고의 지성을 갖춘 자장을 재상(宰臣) 자리에 앉혀 흐트러진 국정의 기틀을 바로잡고 왕권을 강화하기 위해 여러 차례 자장을 불렀다. 그러나 자장은 번번이 왕의 간곡한 청을 거절하고, 사문의 길을 택했다.

마침내 크게 노한 진평왕은 어사에게 국왕의 권위를 상징하는 어검(御劍)을 건네주며 지엄한 출사령(出仕領)을 내렸다. 자장이 이번에도 어명을 거역한다면, 그 자리에서 목을 베어 왕실의 위엄을 바로 세우라는 서슬 퍼런 엄명을 내린 것이다. 암자엔 먼 길을 달려온 어사의 거친 숨소리와 병장기 소리로 살벌한 기운이 가득 찼다. 어사는 칼날을 번뜩이며 자장을 윽박질렀다.

"자장 스님은 어명을 받드시오! 폐하께서 스님의 재능과 명망을 아껴 재상의 자리를 비워 두고 기다리고 계시니 당장 가

마에 오르시오. 만약 지금 즉시 어명을 받들어 하산하지 않는다면, 이 자리에서 목을 베어 오라는 폐하의 지엄한 명령이 있으셨소!"

어사의 협박을 듣고도 자장의 표정은 깊은 가을 호수처럼 고요하고 흔들림이 없었다. 세속의 부귀영화가 아침 이슬보다 덧없고, 권력의 달콤함이 한 조각 꿈에 불과함을 이미 해골관 수행을 통해 뼈저리게 깨달은 수행자의 모습은 거룩함 그 자체였다. 자장은 어사의 서슬 퍼런 칼날 앞에 오히려 담담하게 자신의 마른 목을 내밀며, 신라 불교사에 영원히 남을 사자후(獅子吼)를 내뱉었다.

"내 차라리 단 하루 동안이라도 부처님의 성스러운 계율을 지키다 죽을지언정, 계율을 깨뜨리고 평생을 부귀영화 속에서 구차하게 살고 싶지는 않소(吾寧持戒一日而死 不願一生破戒而生)!"

자장은 죽음이라는 극단적인 공포 앞에서도 눈 하나 깜짝하지 않았다. 그 결연한 모습은 그 어떤 말로도 형용할 수 없었다. 어사는 손에 든 칼을 부르르 떨며 끝내 휘두르지 못했다. 인간의 법도가 부처님의 계율 앞에 무릎을 꿇은 순간이었다. 어사가 궁궐로 돌아가 자장의 기개와 장엄한 태도를 낱낱이 보고했다. 진평왕은 부끄러웠다. 깊은 탄식과 함께 자장의 의지에 승복하였다. 자장의 도행이 세속을 초월하여 하늘처럼 고고하다는 사실을 인정할 수밖에 없었다. 왕은 신하들에게 자장이 수행에만 전념할 수 있도록 국가적 지원을 아끼지 말라고 당부했다.

이 일화는 훗날 고려 시대 민지가 쓴 『오대산 월정사 사적기』에도 "선덕왕이 상국(재상)에 앉히려 했으나 거부했다."라는 취지로 기록되어 있으나, 자장의 나이가 당시 25세였다는 명확한 기록을 볼 때 이는 선덕여왕 즉위 전, 진평왕 시기의 일임이 분명하다. 사실 자장은 신라 왕실과 매우 깊고도 촘촘한 혈연으로 얽혀 있었다. 자장의 아버지 김무림 공은 진평왕의 정비인 마야왕비의 오빠였고, 자장은 선덕여왕의 고종사촌이었다. 또한 자장의 외할머니는 3대에 걸쳐 섭정하며 나라를 경영했던 신라 왕실의 전설적인 여장부 미실(美室)궁주였다.

이러한 고귀한 골품의 혈통과 세상 사람들이 탐내는 권력을 버리고, 오직 부처님의 법을 깨닫기 위해 출가한 자장의 결단은 신라 불교가 국가의 정신적 지주로 거듭나는 위대한 첫걸음이 되었다. 세속의 재상 자리는 거절했으나, 자장은 온 신라 백성의 마음을 다스리는 정신의 재상이 되어 가고 있었다. 이제 자장의 시선은 동천의 작은 암자를 넘어, 더 큰 지혜와 계율의 정수가 흐르는 서토(西土) 당나라를 향하고 있었다.

소금강으로의 만행(萬行)

　　동천 자장암의 새벽은 시리도록 고요했다. 자장은 지난 수천 일 동안 자신의 살갗처럼 익숙해진 차가운 바위 위에 앉아, 마지막으로 마음의 결을 정리하고 있었다.

　　"스님, 정녕 만행(萬行)을 하실 겁니까. 동천의 안개가 스님의 법구를 감싸안은 지 어느덧 여러 해인데, 저 아래 세상은 지금 사람의 살점이 타는 냄새로 가득한 지옥과 같다고 합니다."

　　혹여 자장을 만류할 수 있을까 싶어 바랑을 꾸리던 승실(僧實)이 한마디 던졌다. 그는 자장이 자장암에서 오직 내면의 마구니와 싸우는 동안, 가끔 산 아래로 내려가 백성들의 처참한 소식을 주워 담아 오곤 했다. 자장은 천천히 눈을 떴다. 그의 눈빛은 깊은 연못처럼 고요했으나, 그 안에는 일렁이는 불꽃이 숨겨져 있었다.

　　"승실 스님, 내가 이곳에서 해골을 안고 만물의 공(空)함을

"

깨달은들, 산 아래에서 울려 퍼지는 중생들의 곡소리를 외면한다면 내 도(道)는 한낱 마른 뼈다귀에 불과할 것이라네. 향내 나는 경전 속에 부처님이 계신 것이 아니라, 피눈물을 흘리는 저들의 고통 속에 부처님의 눈물이 머물러 있음을 이제야 깨달았다네. 가야겠네. 내 눈으로 직접 봐야겠네. 그들의 고통을 보고도 외면한다면 내가 세운 계율 또한 한낱 죽은 문자에 지나지 않을 것일세.”

자장은 수년간 정들었던 토굴을 뒤로하고 길을 나섰다. 개인의 해탈이라는 좁은 울타리를 부수고, 신라라는 거대한 고통의 수레를 짊어지기 위한 구도자의 첫 발걸음이었다.

만행을 시작한 지 불과 며칠 지나지 않아, 자장은 자신이 가졌던 왕족으로서의 안온한 시선이 얼마나 오만한 것이었는지 뼈저리게 통감했다. 길 위에서 마주한 신라는 그가 알던 찬란한 불국토가 아니었다. 발길이 닿는 촌락마다 전쟁의 상흔이 문둥병처럼 번져 있었고, 논밭은 버려진 채 잡초만이 무성했다.

어느 이름 없는 마을 입구에서 자장은 걸음을 멈췄다. 앙상하게 뼈만 남은 아이가 이미 차갑게 식어 버린 어미의 마른 가슴을 파고들며 젖을 빨고 있었다. 아이의 눈동자에는 슬픔조차 남아 있지 않았다. 오직 인간에 대한 깊은 불신과 굶주림이 담긴 눈망울, 텅 빈 구멍처럼 뚫린 아이의 눈을 자장은 차마 똑바로 볼 수 없었다.

"승실 스님, 내가 산속에서 수행하는 동안 세상이 어찌 이리도 참혹해졌단 말인가. 어찌하여 지금까지 이런 비참한 현실에 대해 단 한마디의 탄식조차 들리지 않았던 것인가?"

자장의 비통한 물음에 승실은 바랑을 고쳐 짊어지며 씁쓸하게 답했다.

"큰스님, 큰스님께서는 신라의 왕족이잖습니까. 큰스님께서 행차하실 때마다 사람들이 머리를 조아린 것은, 그들이 도를 닦아서가 아니라 큰스님의 신분을 두려워했기 때문입니다."

자장은 주장자를 꽉 쥐었다. 왕족이라는 신분이 도리어 진실을 가리는 장막이 되었다는 사실에 가슴이 저렸다.

여정의 끝자락, 자장과 승실은 명주(溟州) 오대산의 동쪽 줄기인 소금강(小金剛) 계곡에 당도했다. 눈앞에 펼쳐진 풍경은 과연 하늘의 화공이 붓을 휘둘러 깎아낸 듯 장엄했다. 기암괴석은 살아 있는 용처럼 몸부림치고 있었고, 굽이치는 물줄기는 옥(玉)을 갈아 부은 듯 투명하여 바닥의 모래알까지 비추었다. 가을을 머금은 단풍은 산 전체를 붉은 가사로 덮은 듯 화려했다. 이곳은 정녕 신선이 거처할 만한 선계(仙界)였다.

그러나 승실은 그 비경을 바라보며 깊은 한숨을 내쉬었다.

"큰스님, 이 소금강의 절경도 이제는 피비린내에 절어 버렸습니다. 고구려의 기병들이 진흥대제 시절 빼앗긴 이 땅을 되찾겠다며 시도 때도 없이 국경을 넘어 유린하고 있습니다. 나라를 되찾겠다는 명분 아래 휘두르는 저들의 칼날에 죄 없는 백성들만 죽어 가고 있으니, 이 선계(仙界)가 무슨 소용이겠습니까."

승실의 말대로, 아름다운 비경 속으로 한 걸음 더 깊이 들어갔을 때 마주한 것은 인간의 시체 썩는 비릿한 냄새였다. 구룡폭포의 맑은 물줄기 아래에는 피 묻은 누더기를 걸친 유민들이 시체 더미와 섞여 짐승처럼 엎드려 있었다. 고구려 기병의 칼날에 찢긴 상처에는 구더기가 들끓고 있었고, 옥빛 물결은 백성들의 피를 머금어 검붉게 변해 있었다. 선계의 적막은 민초들의 신음으로 찢겨 있었고, 맑은 물은 원한의 노래를 부르고 있었다.

자장은 차가운 빗줄기를 맞으며 낮게 고개를 떨구었다. 수년간 홀로 갈고 닦은 계율은 전란의 불길 앞에 마른 나뭇가지처럼 무력했고, 서라벌의 대찰에서 보았던 거룩한 법문들은 시체 썩은 냄새 앞에서 공허한 울림일 뿐이었다. 자장은 '신라의 불법(佛法)은 지금까지 무얼 했단 말인가? 이 좁은 강토에서, 이 기막힌 하늘 아래서 대체 무엇을 더 할 수 있단 말이냐.' 하는 탄식이 저절로 흘러나왔다.

"승실 스님… 가세나. 서라벌로 돌아가야겠네. 이번 법회에서 이 모든 참상을 말하고 해결할 방도를 찾아야겠네. 이 나라가 정녕 부처님의 나라인지 다시 물어야겠어."

자장이 소금강을 내려올 때, 그의 등 뒤로 보살의 눈물 같

은 비가 내리기 시작했다. 그것은 낡은 시대를 씻어내고 새로
운 길을 갈망하는 처절한 비명과도 같았다. 자장의 가슴 속에
서는 이제껏 겪어 보지 못한 뜨겁고도 서늘한 구국의 원력이
타오르고 있었다. 그것은 칼보다 날카롭고 바위보다 단단한,
신라를 통째로 바꿔 놓을 거대한 변혁의 시작이었다.

서라벌 불교의 허상과 원광 법사

서라벌 황룡사의 법회 날이었다. 금색 단청이 눈부신 대강당에는 신라 전역에서 모여든 고승들과 귀족들이 운집해 있었다. 공기 중에는 최고급 침향 내음이 무겁게 깔렸고, 비단 가사를 걸친 사문들의 자태는 부처님의 광채라도 머금은 듯 화려했다.

법회의 중심에는 신라 불교의 산증인인 원광 법사(圓光法師)가 앉아 있었다. 그는 법회를 마친 후 몰려드는 대중의 질문에 답하며 그들의 어깨를 다독이고 있었다. 하지만 인자한 미소로 대중을 대하던 원광의 눈썹이 어느 한순간 파르르 떨렸다. 수백 명의 온순한 양들 사이로, 살갗을 파고드는 듯한 서늘하고도 날카로운 기운이 느껴졌기 때문이었다.

원광은 자신에게 법을 묻던 대중들을 물리치고 천천히 고개를 들어 법당 구석을 바라보았다. 그곳에는 뼛속까지 구도자의 기운이 밴 한 사문이 미동도 없이 서 있었다. 냉철한 그의 눈이 대중의 면면을 꿰뚫듯 바라보고 있었다.

원광은 군중을 가로질러 그에게 다가갔다. 대중들의 시선이 일제히 두 사람에게 쏠렸다.

"오랫동안 이 서라벌의 공기를 마셨으나, 이토록 시린 눈빛은 처음 보는구나. 그대의 법명(法名)은 무엇인가?"

원광의 물음에 자장은 천천히 합장하며 답했다.

"양산 동천에서 정진하다 내려온 자장(慈藏)이라 하옵니다. 세속의 이름은 선종(善宗)이라 불렸습니다."

"자장… 과연 그 명성이 헛되지 않았구나. 왕족의 귀한 신분으로 차라리 목을 베일지언정 계율을 지키겠다던 그 기개가 느껴지는구나."

원광은 자장의 기세에 묘한 흥미를 느끼며 그를 자신의 처소로 불러들였다. 원광의 처소를 찾은 자장은 자리에 앉기도 전에 날 선 비판을 쏟아냈다.

"법사님, 오늘 법회에서 본 저 화려한 비단 가사를 입은 사문들의 허상을 보지 못하셨습니까? 이곳 서라벌의 사문들은 진정한 부처님의 가르침은 외면하고 있는 듯합니다. 이 나라가 부처님의 가르침대로 살아가는 나라입니까, 아니면 가사를 입은 이들의 겉치레만 있으면 됩니까?"

원광의 미간이 깊게 파였다. 그는 자장의 물음에 답하는 대신, 시선을 떨구어 방바닥만 물끄러미 바라보았다. 자장과 눈을 마주치기가, 아니 자장의 등 뒤에서 이 광경을 내려다보고 있을 하늘이 부끄러웠기 때문이었다.

원광은 바다를 응시하며 나직이 읊조렸다.

"내가 처음 진나라로 유학을 떠날 때가 떠오르는군요. 그때의 나는 오직 불법의 바다를 담아와 이 척박한 신라 땅을 기름지게 하겠다는 일념뿐이었지요. 내 마음은 저 오대산의 첫눈처럼 깨끗했고, 나의 발걸음은 미래를 향해 한 치의 망설임도 없었어요. 하나 지금의 나는… 신라 불교라는 거대한 현실 앞에 무력해진 늙은 사자가 되어, 썩어 가는 우물물을 그저 기도로 정화하겠다는 어리석은 짓을 반복하고 있군요."

원광의 목소리에는 자책과 비애가 섞여 있었다. 그는 차마 자장에게 고개를 들지 못한 채 말을 이었다.

"스님 말이 옳아요. 나는 이곳의 질서에 너무 오래 길들여졌어요. 신라 불교는 이제 내가 가져온 낡은 법으로는 지탱할 수 없는 지경인 것 같군요."

자장은 원광의 뜻밖의 고백에 잠시 침묵했으나, 이내 더욱 날 선 목소리로 말을 이었다.

"법사님, 지금 더 큰 문제는 승려를 승려답게 만드는 '제도'가 완전히 무너졌다는 것입니다. 우리 신라 사문들은 그저 꿈속의 계시나 상서로운 징조에 의지하거나 허울뿐인 수계에만 매달리고 있습니다. 하늘이 점지했다는 명분 뒤에 숨어, 정작 사람이 사람에게 법을 전하는 엄격한 율맥(律脈)과 체계적인 수계 절차는 무시하고 있습니다. 스승이 제자에게 정당하게 법을 전하는 법도가 없으니, 가사만 걸치면 누구나 사문이라 자처하며 방종을 일삼는 것 아닙니까! 이 썩은 뿌리를 도려내지 않고서는 신라 불교에 미래는 없습니다."

원광은 여전히 바닥을 응시한 채 긴 한숨을 내쉬었다. 자장의 비판은 신라 불교의 근간을 정면으로 타격하고 있었다. 원광은 천천히 고개를 들어 자장을 바라보았다.

"자장 스님, 구구절절 옳습니다만… 스님의 예리한 기운이 도리어 독이 될까 두렵습니다. 스님은 지금 스님 눈에 보이는 남의 들보만 탓할 뿐, 스님 마음속에 거대하게 자라나는 아상(我相)은 보지 못하고 있습니다. 스님이 본 현실이 진실일지라도, 그것을 담아내는 그릇이 이토록 날카로운 조각 같아서야 어찌 중생을 품을 수 있겠습니까."

원광은 주장자로 자장의 발치를 툭 쳤다.

"아직은 더 닦아야겠어요. 스님의 지혜는 칼날 같으나 그 칼을 휘두르는 손은 아직도 분노와 오만이 깃들어 있어요. 다시 산속의 암자로 돌아가든 저 저잣거리로 나가든, 스님 마음의 독기부터 빼야 합니다. 수행이 부족한 사문의 정의는 그저 또 다른 폭력일 뿐이지요."

자장은 입술을 깨물었다. 원광의 지적이 뼈아프게 다가왔다. 하지만 원광은 자장을 돌려보내며 마음속으로 이미 결심을 굳히고 있었다. 자신이 이루지 못한, 아니 자신이 안주해

버린 이 신라 불교라는 낡은 우물을 뒤엎을 사람은 오직 저 거친 사자, 자장뿐임을 직감한 것이다.

원광은 자장의 뒷모습을 보며 속으로 읊조렸다.

'그대가 바다를 건너 거대한 대륙, 당나라에 간다면 과연 어떤 열매를 맺을 것인가. 때가 되면 그대를 신라의 이름으로 당나라로 보내야겠구나. 그곳에서 그 날카로운 칼날을 보배로운 지혜로 갈고 닦아, 병든 신라를 다시 세울 정법의 등불이 되어 돌아오거라. 내가 보지 못한 길을 그대가 열어 주어, 지금보다 더 나은 신라를 만날 수 있기를 간절히 바라네.'

자장은 원광의 가르침을 뒤로하고 법당을 나섰다. 석양이 서라벌의 줄줄이 이어진 날렵한 기와지붕들을 붉게 물들이고 있었다. 자장의 시선은 이미 저 먼 수평선 너머, 자신이 마주해야 할 거대한 진리의 물결을 향하고 있었다.

3
장

당나라 유학

백고좌법회

　636년(선덕여왕 5년) 3월, 서라벌의 봄은 화창했으나 왕궁의 공기는 무거웠다. 황룡사(皇龍寺)에서는 국가의 안녕을 기원하는 백고좌법회(百高座法會)가 성대하게 열리고 있었다. 이 법회는 단순한 종교적인 행사가 아니었다. 여왕이 즉위하기 직전인 631년, 이찬 칠숙(柒宿)과 아찬 석품(石品)이 진평왕의 병석을 틈타 일으킨 반란의 상처가 여전히 서라벌의 민심을 흔들고 있었기 때문이다.

　진평왕이 아들 없이 세상을 떠나자 딸 덕만을 여왕으로 지명하며 내세운 '성골(聖骨)'과 '진종(眞種)' 설화는 귀족들의 거센 반발을 샀다. "말을 타지 못하는 여자가 어찌 나라를 다스리겠느냐."라는 수군거림은 여왕을 압박했고, 병석에 눕는 날이 잦아졌다. 여왕의 쾌유와 국태민안을 기원하기 위해 당대 최고의 고승, 90세의 원광 법사가 마지막 법석에 올랐다.

원광 법사는 100분의 불상과 100분의 법사스님을 모신 법상 위에서 사자후를 토해냈다.

"백고좌법회는 『인왕반야바라밀경』의 가르침에 따라 우리 국토를 사랑하고 지키는 마음을 다지는 자리입니다. 일찍이 고구려에서 귀화한 혜량(惠亮) 스님이 전몰 희생 장병을 위해 시작한 이 법회는, 신라를 위해 장렬히 산화한 젊은 화랑들의 애국 충정을 가슴에 새기는 시간입니다."

원광 법사의 목소리는 고령임에도 청아하게 울려 퍼졌다. 그는 613년 수나라 사신 왕세의 앞에서 백고좌법회를 주관하며 신라의 기개를 떨쳤던 과거를 회상하며, 이제 자신의 마지막 당부를 여왕과 대중에게 전했다.

"국왕은 국가에 기대고, 국가는 백성에게 기대는 법입니다. 폐하, 국가의 미래는 젊은 화랑들에게 달려 있습니다. 소승에게 세속오계를 받아 간 귀산과 추항 같은 이들이 나라의 기둥이 되었듯, 이제 우리는 더 큰 세계로 눈을 돌려야 합니다. 당나라는 통일 제국의 통치 이념으로 불교를 받아들여 찬란한 문명을 꽃피우고 있습니다. 이제 신라의 인재들을 그곳에 보내 그들의 제도와 문물을 받아들여 삼국 통일을 이루는 토대를 마련해야 합니다."

원광 법사의 예리한 시선이 법당 안을 가득 메운 100명의 고승들을 천천히 훑었다. 그들은 비단 가사를 걸치고 단정히 앉아 있었으나, 원광의 눈에는 그들의 모습이 향기 없는 조화

(造花)처럼 보였다. 원광은 그들의 안온한 표정 위로 수년 전 자신을 몰아붙였던 한 사문의 서슬 퍼런 눈빛을 떠올렸다.

그것은 벌써 수년 전의 일이었다. 만행(萬行)을 마치고 돌아와 서라벌 법회의 허상을 꾸짖던 젊은 자장. 당시 원광은 자장의 오만함과 독기를 꾸짖으며 그를 돌려보냈었다.

'아직은 더 닦아야겠습니다….'

그때 원광의 말은 사실 자장을 향한 경계인 동시에, 그가 가진 그 날카로운 불꽃이 신라라는 좁은 우물에서 사그라지지 않기를 바라는 노승의 마지막 안배였다. 자장은 그날 이후 서라벌의 화려함을 등지고 다시 신라의 가장 어둡고 피폐한 변방으로 걸어 들어갔다. 그 후 몇 년 동안 서라벌에는 자장에 관한 기이한 소문들이 퍼졌다.

'호화로운 생활에 젖은 주지스님들을 엄하게 꾸짖어 스스로 비단 가사를 벗게 하고, 왕족의 위엄과 서슬 퍼런 계율로 사찰의 곳간을 열게 하여 주린 백성들에게 베풀도록 교화하고 있다더라.'

원광은 이제 확신했다. 자장은 원광이 시킨 대로 자신의 독기를 빼내고 있었으나, 그것은 정적인 명상이 아니라 타락한 세상을 경책하고 스스로 낮은 곳에서 중생의 아픔을 보듬는 실천적 수행이었다.

"폐하, 이제 신라는 낡은 옷을 벗어야 합니다. 당나라는 통일 제국의 기틀을 불교의 제도와 문물로 닦아내고 있습니다.

우리도 인재를 보내 그들의 문명을 수입해야만 삼국통일의 대업을 이룰 수 있습니다. 그리고 이 거대한 사절단을 이끌 적임자는 자장(慈藏) 스님뿐입니다."

자장의 이름이 거명되자 법당 안은 일순간 술렁였다.

"그는 수년 전 서라벌 대찰의 허상을 비판하며 백성들 곁으로 떠났습니다. 그동안 그는 고통받는 중생들을 구제하고, 무너진 계율을 현장에서 다시 세우며 신라의 진짜 민낯을 온몸으로 겪어 냈습니다. 당나라 황제의 위엄 앞에서도 신라의 기개를 잃지 않고 정통 율맥을 가져올 이는, 스스로를 깎아 법을 세운 자장뿐입니다. 부디 그를 불러 신라의 존망을 구하소서."

이를 들은 선덕여왕이 결연한 표정으로 명했다.

"집사부 시중은 당장 자장 스님을 궁으로 입실시키시오! 원광 법사님의 명에 따라 대규모 유학승단을 선발하고, 자장 스님과 상의하여 준비에 소홀함이 없도록 하시오."

같은 시각, 신라의 어느 변방 북쪽 국경 지대.

자장은 전란으로 폐허가 된 마을 한복판에서 굶주린 아이들에게 죽을 나누어 주고 있었다. 수년 전 원광 법사의 처소에서 느꼈던 분노는 이제 깊은 자비와 흔들림 없는 의지로 치환되어 있었다. 그의 장삼은 흙먼지로 얼룩져 있었으나, 그 눈빛만큼은 오대산의 정화수처럼 맑았다.

자장은 마을 어귀에 자신이 세운 투박한 나무 계단을 바라보았다. 그가 몇 년 동안 지방을 돌며 세운 것은 화려한 금당이 아니라, 사문이 가져야 할 본분과 백성을 대하는 자애의 엄격한 규칙들이었다.

'이제야 큰스님이 말씀하신 수행이 무엇인지 조금은 알 것 같습니다. 칼을 휘둘러 베는 것은 쉽지만, 부처의 법으로 그들 스스로 부끄러움을 깨닫게 하고 마음의 창고를 열게 하는 것이야말로 참으로 긴 인고의 길이었습니다.'

그때였다. 들판 너머로 급박한 말발굽 소리가 정적을 깨뜨렸다. 여왕의 인장을 가슴에 품은 집사부의 사절단이 먼지를 일으키며 자장을 향해 달려오고 있었다.

"자장 대사님! 폐하의 간곡한 어명이십니다! 원광 법사님의 천거에 따라, 당장 서라벌로 돌아와 당나라 유학 승단의 전권을 맡으라는 명을 받드소서!"

자장은 쥐고 있던 죽 국자를 내려놓고 서쪽 하늘을 바라보았다. 수년 전 원광과의 만남이 주마등처럼 펼쳐졌다. '때가 온 것이로구나.' 이제 대륙으로, 그 거대한 문명의 바다로 나아가라는 원광 법사의 당부가 현실이 된 것이다.

"승실 스님, 짐을 챙기시게. 이제 바다를 보러 가야겠네."

자장은 민초들의 아쉬워하는 울음을 뒤로하고 신라의 운명을 짊어진 채 거친 파도 위로 몸을 던질 준비를 마쳤다. 신라 역사상 가장 찬란했던 문명 수입의 대장정, 자장의 위대한 입당(入唐) 여정이 비로소 막을 올리는 순간이었다.

이런 인연으로 자장의 당나라 유학 여정이 시작되었다. 자장의 입당(入唐) 연도에 대해서는 『삼국유사』의 636년 설과 당나라 도선의 『속고승전』에 기록된 638년 설이 대립한다. 그러나 자장이 장안 종남산에서 도선 율사와 직접 만나 계율을 토론했다는 기록의 구체성을 고려할 때, 자장이 선덕여왕 7년(638년)에 당나라에 들어간 것으로 보는 게 더 믿음직하다.

자장에게 이 여정은 단순한 학구적 욕망이 아니었다. 5년여 당나라에 체류하며 수행하는 동안 그는 제국의 심장부에서 신라를 다시 세울 청사진을 그렸다. 훗날 선덕여왕을 보좌하고, 대국통으로서 명주 오대산에 진신사리를 모시고, 청정한 계율로써 신라 불교를 새롭게 확립시키고, 황룡사 구층목탑을 세움으로써 삼국 통일의 기틀을 마련하는 자장의 대업이 시작된 것이다.

당나라를 배우라

　신라는 삼국 중 가장 동쪽 변방에 치우쳐 있었다. 이러한 지리적 한계로 인해 뛰어난 대륙의 문명을 제대로 받아들이지 못하는 현실은 자장에게 늘 가시 같은 아픔이었다. 그는 꿈에도 그리던 당나라 유학길에 몸을 실었다. 선덕여왕은 자장을 위해 울주에서 당나라 양주로 가는 대규모 선단을 꾸렸다. 병부에서 운용한 범선 다섯 척에는 사절단과 수행원, 호위무사 20명, 유학승 10명, 상인 20명, 그리고 승무원 10명까지 총 80여 명의 인원이 자장의 원력을 싣고 거친 파도를 넘었다.

　선단에는 신라의 보물들이 가득 실렸다. 금과 은, 구리를 비롯하여 가야의 우수한 철강, 풍기의 인삼과 봉화의 송이, 그리고 바다표범의 가죽인 반어피(班魚皮)가 배 밑바닥을 채웠다. 특히 반어피는 당나라 상인들이 비단보다 귀하게 여기는 품목이었다. 이 보물들을 팔아 당나라의 비단과 서적, 불경, 도자기 등을 구해 와야 한다. 이는 신라의 국운을 바꾸는 중대한 경제적 교류이기도 했다.

울주항을 출발한 지 며칠, 배 위에서 자장이 시자 승실을 불렀다. 승실은 고향을 떠나 처음 보는 망망대해에 넋이 빠져 있었다.

"승실 스님, 그리 좋은가? 입이 귀에 걸렸구먼."

"예, 큰스님! 좋다마다요. 꿈인지 생시인지 모르겠습니다. 저 같은 땡추가 큰스님 덕분에 여왕 폐하도 가 보지 못한 당나라 땅을 밟다니…."

승실의 너스레에 자장이 엷은 미소를 지었다.

"스님이 나를 따라 출가한 지도 벌써 서른 해가 지났구나. 서라벌 생각은 나지 않는가?"

"어찌 생각이 나지 않겠습니까. 하지만 저는 30년 전 소판 어르신(자장의 부친인 김무림)과 맺은 언약을 잊지 않았습니다. 제 목숨은 큰스님의 것입니다. 그나저나 큰스님, 출가하시기 전 남산에서 매사냥 하실 때 생각나십니까?"

자장의 눈빛이 잠시 깊어졌다.

"생각나지. 그때 매가 낚아챈 꿩이 나를 보고 울던 모습이 지금도 생생하네. 그 꿩의 눈망울이 얼마나 무서웠는지 모른다네. 그 공포가 나를 이 길로 이끌었는지도 모르지. 승실 스님, 우리는 지금 유람을 가는 게 아니네. 저 거센 파도를 넘어가듯 우리 마음속의 무지를 넘으러 당나라에 가는 것일세."

보름간의 항해 끝에 일행은 양자강 하류의 국제 무역항 양주(揚州)에 도착했다. 수양제가 건설한 4,000km의 대운하가 시작되는 그곳은 거대한 문명이 교차하고 충돌하는 거센 소용돌이의 현장이었다. 자장 일행은 당나라 관리가 준비한 배로 갈아타고 운하를 따라 북상하여 장안으로 향했다. 파도 없는 뱃길 위로 당나라의 아름다운 산천이 파노라마처럼 펼쳐졌다. 자장은 운하를 통해 남북의 물자를 수송하는 대제국의 행정력과 토목 기술에 깊은 감명을 받았다.

드디어 도착한 장안(長安). 주작대로를 따라 황궁인 대명궁으로 향하는 길은 끝이 없었다. 세계 모든 길은 장안으로 통한다는 말 그대로였다. 자장은 어마어마하게 웅장한 황궁 앞에서 잠시 무력감을 느꼈다. 하지만 이내 주장자를 꽉 쥐며 마음속에 새겼다.

'신라가 비록 변방의 소국으로 국토는 좁으나, 부처님 법 앞에서는 당나라와 신라가 평등하다.'

자장 일행은 당나라 황제의 초청을 받았다. 황제 이세민은 풍모가 뚜렷하고 키가 8척이나 되는 영걸이었다. 그는 자장을 보자마자 특유의 이중적인 태도로 기세를 꺾으려 들었다.

"짐이 듣자 하니 신라는 말을 탈 줄 모르는 여인이 왕위에 올라 이웃 나라의 웃음거리가 되었다 하오. 짐의 친척 중에 용맹한 대장부가 있으니 그를 보내 신라왕으로 삼는 것은 어떻겠소?"

 청천벽력 같은 모욕이었다. 자장은 눈을 부릅뜨고 당 태종의 시선을 정면으로 마주했다.

 "대국의 황제로서 소국을 함부로 밟으면 자칫 발등을 다칠 수도 있는 법입니다. 아량과 너그러움으로 소국을 품어야 그 아름다운 덕망에 감복하여 스스로 따르는 것이지, 무력으로 누르는 것은 영웅의 도리가 아닙니다. 저희 신라는 비록 국토는 작으나 대국을 섬기는 예와 스스로를 지키는 기개가 작지 않습니다."

 이세민은 잠시 침묵하더니 눈빛을 번뜩이며 자장에게 질문을 던졌다. 이는 단순한 질문이 아니라, 신라의 정신적 지주인 자장의 깊이를 시험하는 선문답(禪問答)이었다.

 "대사, 짐이 한 가지 묻겠소. 천하의 주인은 황제인 짐인가, 아니면 그대가 모시는 부처인가? 만약 부처가 주인이라면 짐의 이 칼은 누구를 위해 존재하는 것이며, 만약 짐이 주인이라면 그대는 왜 짐보다 부처를 먼저 섬기는가?"

 자장은 한 치의 망설임 없이 고개를 들고 답했다.

 "폐하, 산은 주인이 누구인지 묻지 않으나 나무는 자라고, 태양은 누구를 비추는지 따지지 않으나 세상은 밝사옵니다. 황제의 법은 백성의 몸을 다스려 나라를 세우고, 부처의 법은 백성의 마음을 다스려 세상을 구합니다. 몸 없는 마음은 머물 곳이 없고, 마음 없는 몸은 송장과 다름없으니, 황제와 부처는 각기 다른 이름이나 고통받는 중생을 구하려는 뜻에서는 같은 이름입니다. 폐하가 어진 정치를 펼치면 그 자리가 바로 불국토요, 부처님의 가르침이 나라에 가득하면 그 나라가 바로 대제국입니다."

이세민의 입가에 묘한 미소가 번졌다. 그는 다시 물었다.

"그렇다면 대사, 칼과 불길이 난무하는 전쟁터에서 부처의 자비가 무슨 소용이 있단 말이오? 칼을 든 적군에게 염불을 외운들 그 칼날이 멈추겠소? 국가가 불교를 품는 것이 도대체 제국을 지키는 데 무슨 보탬이 된단 말이오?"

자장은 주장자로 바닥을 한 번 가볍게 쳤다. 그 울림이 대전 안을 진동시키며 낮게 깔렸다.

"폐하, 돌로 쌓은 성벽은 몸은 막아도 원한은 막지 못합니다. 하지만 계율로 쌓은 마음의 성벽은 적의 칼날조차 녹여 버립니다. 국가가 불교를 품는 것은 단순히 사찰을 짓는 일이 아니라, 백성들의 마음속에 '함께 살아야 한다'는 거대한 원력을 심는 일입니다. 백성이 나라를 위해 죽을 각오를 하는 것은 황제의 위엄 때문이 아니라, 지켜야 할 가치가 내 안에 살아 있기 때문입니다. 호국(護國)이란 곧 호심(護心)이니, 마음을 지키는 법이 서야 나라도 무너지지 않는 법입니다."

이세민은 무릎을 쳤다.

"과연 듣던 대로 대단하구려. 짐이 수많은 나라의 사신을 만났으나, 이처럼 칼날 아래서도 정법(正法)을 당당히 설하는 이는 처음 보았소. 대사의 지혜는 이 제국의 성벽보다 높고 단단하도다.”

자장이 합장을 한 채 이세민을 깊은 눈으로 바라보며 한마디 더 보탰다.

“소승 또한 폐하를 뵙고 진정한 제왕의 기품에 감탄했습니다. 세간의 왕들은 권력에 눈이 멀어 보이지 않는 마음의 법을 도외시하는 이들이 많은데, 폐하께서는 소승의 서툰 비유를 듣고서 호국의 본질이 어디에 있는지를 꿰뚫어 보고 계십니다. 제국을 무력으로 세울 수는 있지만, 그 제국을 지탱하는 것은 백성의 마음을 어루만지는 황제의 자비임을 폐하께서는 이미 알고 계시니, 소승은 이 대당제국이 어찌하여 세계의 중심이 되었는지 비로소 깨달았습니다.”

자장의 진심 어린 예우에 이세민은 호탕하게 웃으며 답했다.

“하하하! 대사와 이야기를 나누니 짐의 마음속에 엉켜 있던 천하 경영의 실타래가 술술 풀리는 듯하오. 대사는 앞으로 짐의 스승이 되기에 충분하오. 짐이 용상에 오른 후 부처님의 자비로운 공덕을 얻고자 승광사(勝光寺)를 창건했으니, 부디 그곳에 머물면서 짐에게 가르침을 주시오.”

자장은 승광사에 머물며 당나라 최고의 고승 법상(法常) 대사를 찾아가 가르침을 청했다. 배를 타고 오면서 꿈속에서 보았던 법상 대사의 얼굴이 실제와 똑같은 것을 보고 감읍하지 않을 수 없었다. 자장은 법상 대사에게 보살계(菩薩戒)를 받았다. 법상 대사는 황족에게 보살계를 수여하는 고승이었다. 훗날 신라에 돌아가 통도사를 창건하고 사문들과 백성들에게 보살계를 전하겠다는 원력이 예서 싹텄다.

승광사에서의 생활은 신비로운 이적의 연속이었다. 자장의 명성을 듣고 찾아오는 사람들이 많아 재물이 쌓이자, 도둑이 들었다. 그런데 도둑이 자장을 보는 순간 죄를 참회하고 계를 받아 가는 일이 있었다. 또한, 태어날 때부터 앞을 보지 못하던 이가 자장을 찾아와 예를 갖춰 절을 하자 눈을 뜨는 이적도 일어났다. 자장의 대단한 도력에 대한 소문은 장안을 넘어 당나라 전역으로, 서라벌에까지 흘러갈 정도였다. 하지만 자장은 그럴수록 사람들의 찬탄을 경계했다.

'이곳은 내가 머물 곳이 아니다.'

그는 여러 차례 간언 끝에 황제의 배려를 뒤로하고 진리를 찾아 장안 외곽의 종남산(終南山) 깊은 곳으로 서처를 옮겼다. 호국불교의 원력이 세계의 중심에서 더욱 단단하게 벼려지고 있었다.

종남산의 기인, 원향 선사

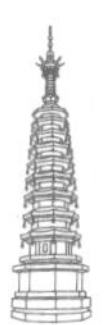

　당나라 수도 장안 외곽에 우뚝 솟은 종남산(終南山)은 그저 그런 산이 아니었다. 그곳은 대륙 각지에서 모여든 고승과 사상가, 은둔하는 도사들과 당대 최고의 문인들이 지혜를 갈고 닦던 거대한 사상의 용광로였다. 골짜기마다 범종과 독경 소리가 메아리치고, 봉우리마다 서린 영험한 기운은 구도자들의 마음을 일깨웠다. 운무가 산허리를 휘감아 돌 때면, 마치 수천 성자가 내뿜는 지혜의 숨결인 듯 그 비경은 형언할 수 없이 신비로웠다.

　자장은 장안의 번잡한 승광사를 떠나 이곳 종남산 운제사(雲際寺) 옆 절벽 아래에 자리를 잡았다. 승광사의 화려한 단청과 황실의 극진한 대우는 오히려 자장의 마음을 무겁게 짓눌렀었다. 당 태종 이세민과의 만남은 강렬했으나, 자장의 가슴 한구석에는 여전히 채워지지 않는 크나큰 공동(空洞)이 남아 있었다. 당 태종의 호국불교는 강력한 황권을 위한 장식처럼 느껴졌다. 자장이 꿈꾸는 '불국토 신라'의 청사진과는 결이 달랐다. 자장은 자신을 따라온 10명의 스님을 불러 모았다.

"각자 마음이 끌리는 분야의 최고의 스승을 찾아 배우고, 그 정수를 신라로 가져오시오. 누군가는 화엄의 바다를, 누군가는 계율의 엄격함을, 또 누군가는 제국의 통치 이념을 배워야 하오. 우리는 일개 사문이 아니오. 나라를 다시 세울 '지혜의 씨앗'을 신라로 가져가야 하오."

이는 스승으로서의 배려이자, 위기에 처한 고국 신라를 위한 주도면밀한 전략적 선택이었다. 자장은 가신으로서 출가 전부터 그림자처럼 자신의 곁을 지켜온 승실만을 남겨두고 나머지 아홉 명을 모두 떠나보냈다.

자장은 수행할 만한 초암을 마련했다. 이때 초암을 짓는 데 큰 도움을 준 이는 승실이 장안의 번화가에서 우연히 알게 된 기이한 스님, 원향(圓香) 선사였다. 승실은 주막에서 만난 기묘한 인연을 자장에게 조심스럽게 고했다.

"큰스님, 장안에서 우연히 마주친 원향 스님입니다. 처음에는 그저 술을 즐기는 기인인 줄 알았는데, 원향 스님의 한마디 한마디가 세상 돌아가는 이치와 안목이 대단한 분입니다. 제국의 속사정도 꿰뚫고 계십니다."

원향 선사는 예법을 갖추어 자장을 향해 깊이 허리를 숙였다. 바위처럼 건장한 체격, 수행자의 고요함과 세속의 거친 숨결이 한데 뒤섞인 기묘한 분위기를 풍겼다. 나이는 승실보다는 위였으나 자장보다는 한 살 아래인 그는, 술기운에 가려진 듯하면서도 가끔 번뜩이는 눈매가 예사롭지 않았다.

"소승은 본래 누구에게도 얽매이지 않는 무애도인(無碍道人)을 꿈꾸고 있는데, 승실 스님의 간곡한 청에 이끌려 이리 귀하신 분을 뵙게 되었습니다. 대사님이 신라의 호법보살이라고 들었습니다. 소승도 미력하나마 힘을 보태겠습니다. 다만, 제게 가끔 곡차(술)를 공양해 주십시오. 제가 바라는 건 그저 곡차 한잔뿐입니다."

자장은 빙그레 미소 지으며 답했다.

"그리하겠소. 내 선사께 곡차 한잔 공양 못 올리겠습니까. 승실이 선사의 안목에 탄복했다니 나 또한 기대가 큽니다. 언제 승실 스님과 함께 장안에 갈 일이 있으면 그곳에서 제일가는 요릿집에서 제대로 곡차를 대접하겠습니다."

자장의 대답은 부드러웠으나 눈가에는 여전히 지워지지 않는 고뇌의 그림자가 짙게 깔려 있었다. 원향은 이미 자장의 고뇌가 어디에 닿아 있는지 훤히 들여다보고 있다는 듯 조심스러우면서도 예리하게 파고드는 일침을 던졌다.

"당나라에 와서 당 황제도 만났는데, 그 모든 것이 대사님의 고뇌를 다 씻어 주지는 못한 모양입니다. 가슴 속에 숯불을 품고 계시면 아무리 가사로 가린들 그 연기까지 숨길 수는 없는 법이지요. 지금 대사님께서는 당나라의 화려한 불법을 보고 계시나, 마음은 이미 고구려와 백제의 칼날에 무너져 가는 신라 백성들에게 가 계시지 않습니까? 당 태종의 말은 화려하나, 정작 신라의 척박한 땅에 어떻게 불을 지펴야 할지는 알려주지 않았을 테지요."

원향의 통찰은 자장이 느끼던 '벽'을 정확히 짚고 있었다.

"그렇소. 신라는 지금 풍전등화의 위기 속에 있소. 태종의 호국불교는 거대한 제국의 이야기일 뿐, 우리 신라처럼 작고 위태로운 나라에는 어떻게 접목해야 할지 막막할 뿐이오. 법은 고귀하나 현실의 칼날은 너무도 차갑지 않소?"

원향은 껄껄 웃으며 무릎을 쳤다.

"그 벽을 허물려면 당나라보다 먼저 저 대륙의 주인이었던 수나라 문제(文帝)를 보셔야 합니다. 당나라가 천하를 호령하고 있으나, 그 통치의 뿌리는 수나라가 닦아 놓은 불교 정책에 있습니다. 소승은 본래 수나라의 명문가에서 태어나 제국의 몰락을 가장 가까운 곳에서 지켜봤습니다. 수나라 불교의 특징이 무엇인지 아십니까? 바로 귀족과 승려가 긴밀한 유대 관계를 맺으며 불교를 상류층 중심으로 널리 확산시킨 것입니다. 하지만 소승은 그 화려한 귀족 불교가 제국의 몰락과 함께 한 줌의 재로 변하는 과정을 보면서 인생의 허망함을 뼈저리게 느꼈습니다."

원향의 눈에 잠시 서글픈 회한이 스치는 듯했다. 하지만 이

내 자장을 향한 눈빛이 더욱 날카로워졌다. 그는 대륙을 휩쓴 거대한 소용돌이 속에서 무수한 생사가 교차하던 찰나의 공기를 기억하는 자였다. 그렇기에 국가가 종교를 통치 도구로 삼아 휘두르는 그 실무적인 힘을 누구보다 뼈저리게 체득하고 있었다.

"하지만 수 문제는 영리했습니다. 그는 스스로를 '불법으로 세상을 다스리는 왕', 즉 전륜성왕(轉輪聖王)이라 천명했지요. 단순히 절을 짓는 치적에 머물지 않았습니다. 전국에 삼천여 개의 사찰을 세우고, 아소카왕의 전설을 빌려 전국 방방곡곡에 진신사리를 봉안했지요. 백성들은 사리의 영험함 앞에 나라가 부처님의 가호 아래 있음을 의심치 않았습니다. 상류층의 결속과 백성들의 신앙을 '사리'라는 매개로 단단히 엮어낸 것이지요. 그것이야말로 흩어진 민심을 접착제처럼 결속시킨 수문제만의 비결이었습니다."

원향은 자장의 빈 잔에 차를 따르며 말을 이었다.

"신라가 강해질 수 있는 길 또한 그와 다르지 않습니다. 대사님, 세 가지를 가슴에 새기십시오.

첫째, 백성의 눈을 압도할 만큼 거대한 사찰과 상징물을 세워야 합니다. 수·당의 거탑들을 보십시오. 저것은 단순한 건축물이 아닙니다. 국가의 힘이자, 백성에게는 그 어떤 군대보다 큰 안도감을 주는 요새입니다. 둘째, 그곳에 허상이 아닌 진정한 부처님의 진신사리를 봉안하십시오. 신라가 부처님의 수기를 받은 성스러운 땅임을 증명해야 합니다. 사리는 국가의 기틀을 뿌리내리는 정신적인 주춧돌이 될 것입니다. 마지막으로, 이 모든 이치를 증명할 방대한 경전을 확보해서 신라로 가져가십시오. 지배층을 설득하고 국가의 법통(法統)을 바로 세우는 데 진리를 담은 경전의 힘만큼 절대적인 것은 없습니다."

자장은 전율했다. 원향이 제시한 것은 단순한 불교 포교가 아니었다. 수나라의 정책적 장점과 당나라의 위엄을 결합하여 신라를 재창조하는 거대한 설계도였다.

"사리와 불경, 그리고 거대한 탑이라…. 참으로 귀한 제안이군요. 귀족 출신으로서 제국의 흥망을 보신 선사의 안목이 내 앞길을 밝혀 주는구려."

"하나 더 명심하셔야 할 것이 있습니다."

원향이 자장의 눈을 똑바로 응시하며 진지하게 덧붙였다.

"대사님께서 문수보살을 친견하여 신라를 구할 지혜와 확신을 얻고 싶으시다면, 이곳 종남산이 아니라 오대산(청량산)으로 가셔야 합니다. 그곳이야말로 문수보살께서 상주하시는 성지입니다. 법문사(法門寺)에 들러 부처님의 손가락뼈 사리를 뵙고 곧장 오대산으로 향하십시오. 그곳에서 문수보살님을 친견해야 비로소 서라벌 황룡사에 구층목탑을 세울 명분과 가피를 얻게 되실 것입니다."

자장은 자리에서 일어나 원향에게 깊이 고개를 숙였다. 일국의 왕족이자 당대 최고의 고승이었던 자장이 당 태종에게보다 더 큰 마음을 담아 경의를 표한 것이다.

"선사님, 내 오늘 선사의 일침을 통해 문수보살을 친견한 듯한 큰 깨달음을 얻었소. 당 태종과의 만남에서 느꼈던 그 막막한 벽이 선사의 진심 어린 조언 덕분에 비로소 허물어졌구려. 참으로 고맙소. 선사는 내 정암(正庵)을 함께 짓는 도반이 아니라, 저 신라의 불국토를 짓는 내 스승이라오."

원향은 손사래를 쳤으나, 원향의 조언 덕분에 자장의 가슴에는 이미 신라를 향한 거대한 밑그림이 완성되어 있었다. 자장은 승실을 불러 황제가 하사한 비단과 은화를 내주며 속삭이듯 말했다.

"원향 선사와 의논하여 목조 불탑 건축에 필요한 첨단 공기구들을 비밀리에 구입해 주게. 톱, 대패, 칼, 끌, 자귀, 자, 정, 망치… 당나라 장인들이 쓰는 우수한 연장들이 필요하다네. 신라의 대목수들이 지금까지 보지 못한 도구여야 하네. 특히 불탑의 설계도를 구할 수 있다면 값은 얼마라도 상관없네. 이 일은 아무도 모르게 추진하게. 우리는 경전뿐만 아니라, 대륙의 선진문명을 지탱하는 '도구'와 '기술'을 신라로 가져가야 하네."

이 종남산의 초암에서 원향 스님의 빛나는 통찰과 자장의 호국 원력이 만나 훗날 신라 황룡사의 구층목탑과 통도사의 금강계단이 비밀스럽게 잉태되고 있었다. 자장은 멀리 지평선을 바라보며 불국토 신라의 밑그림을 세밀하게 그려 나갔다.

계율의 정수, 도선 율사

종남산 운제사(雲際寺)는 당나라 계율종의 개조인 도선(道宣, 596~667) 율사가 머물며 스무 번이나 반야삼매(般若三昧)를 행한 성스러운 땅이었다. 이곳의 공기는 늘 희박하고 차가웠으나, 수행자들의 뜨거운 구도열로 인해 암자 주변은 늘 맑은 기운이 감돌았다. 자장이 장안의 화려한 승광사를 떠나 굳이 이 험준한 운제사 근처에 두 칸 초암을 지은 까닭은 명확했다. 바로 당대 최고의 율사로 추앙받던 도선 율사를 가까이에서 모시고, 그가 정립한 계율의 정수를 그 뿌리부터 배우기 위함이었다.

자장이 목숨을 걸고 험난한 바닷길을 건너 당나라로 유학을 온 가장 절실한 목적은 신라 불교의 뼈대를 바로 세우는 것이었다. 신라에 불법이 전해진 지 백여 년이 흘러 사찰은 늘어났으나, 정작 사문이 되는 엄격한 절차나 여법(如法)한 수계

의식은 전무했다. 자장 자신조차 출가 당시 스승이 아닌 꿈속에서 천인에게 계를 받는 '서상수계(瑞相受戒)'에 의지해야 했을 만큼 신라의 계단(戒壇)은 황무지와 같았다. 자장은 부처님의 생활 규범인 율장(律藏)을 깊이 연구하여, 신라에 그 누구도 부정할 수 없는 당당한 수계 제도를 확립하겠다는 크나큰 서원을 가슴에 품고 있었다.

도선 율사는 세속 나이로 치면 자장보다 다섯 살이나 어렸다. 그러나 그는 인도 부처님 당시의 고전적인 계율을 당나라 문화에 맞게 재해석하여 집대성한 '남산 율종(南山 律宗)'의 종조로서 그 명성이 이미 천하에 자자했다. 자장은 왕족의 자존심이나 나이의 고하를 모두 내려놓았다. 그는 "아랫사람에게 묻는 것을 부끄러워하지 않는다."라는 불치하문의 자세로 도선 율사를 찾아갔다.

"소승은 해동의 작은 나라 신라에서 온 자장이라 합니다. 대덕의 청정한 법음을 듣고자 천 리 길을 마다치 않고 찾아왔으니 한말씀 일러 주십시오."

도선 율사는 맞절을 하며 자장을 반겼다. 두 고승이 마주 앉은 방 안에 은은한 차 향기가 번졌다.

"잘 오셨습니다. 실은 어젯밤 꿈에 눈부신 서기(瑞氣) 속에 아기 부처님이 탄생하는 것을 봤습니다. 소승의 생일이 석가모니 부처님과 같은 날인 사월 초파일입니다. 평소 꿈이 예사롭지 않은 편인데, 오늘 대사를 뵙기 위한 징조였던 모양입니다.

신라의 고귀한 왕자 출신 큰스님께서 종남산에 입산하셨다는 소식에 소승 또한 마음이 설레었습니다.”

“참으로 기이한 인연입니다. 소승의 생일 또한 사월 초파일입니다. 그 인연으로 일찍이 세속의 영화를 버리고 집을 절로 꾸며 원녕사를 세웠으나, 신라에는 아직 출가 승려가 되는 체계적인 수계의식이 없어 늘 안개가 낀 듯 답답했습니다. 율사님께 그 법도를 배워 신라에 수계 계단을 튼튼히 세우고 싶습니다.”

도선 율사는 자장의 깊은 구도열에 감복했다.

“대사께서는 이미 제 스승이 되기에 충분한 도력과 지계를 갖추셨습니다. 우리 서로 배운다, 가르친다 하는 거창한 말은 거두고, 법을 탁마하는 도반으로서 이 시대에 필요한 계율이 무엇인지 견해를 나누는 자리를 가져 봅시다.”

이에 자장이 먼저 도선에게 평소 품었던 질문을 던졌다.

“율사께서는 대승불교의 드높은 공(空) 사상을 받들면서도, 어찌하여 소승불교의 근본 율장인 『사분율(四分律)』을 계율의 근본으로 삼으시는지요? 행동은 엄격한 소승의 규칙에 매이고 생각은 자유로운 대승의 정신으로 하려니, 수행자로서는 마치 물과 기름을 섞는 듯 혼란스럽지 않습니까?”

도선 율사의 안광이 빛을 뿜었다. 도선은 마치 준비라도 하고 있었던 것처럼 바로 답했다.

“아주 중요한 지적입니다. 그러나 소승은 계율의 조항 그 자체보다 그것을 해석하는 마음가짐, 즉 '개차법(開遮法)'이 핵심이라 믿습니다. 계율은 박제가 된 법전이 아니라 살아 움직이는 수행자의 맥박이어야 합니다. 어떤 마음으로 행동하느냐에 따라 소승의 딱딱한 계율조차 대승의 거대한 자비행으로 승화될 수 있는 법입니다."

자장이 고개를 크게 끄덕이며 말을 이었다.

"그렇습니다. 계율은 실천 행위이기에 지역의 기후와 시대의 문화에 따라 유연하게 옷을 갈아입어야 합니다. 천축(인도)은 뜨거운 열대 지역이라 가사 한 벌이면 족하고 기력을 보존하기 위해 세간에서 보시한 약간의 육식이 허용되기도 했습니다. 하지만 이곳 당나라와 우리 신라는 사계절이 뚜렷하고 겨울바람이 살을 에도록 혹독합니다. 가사만 입고 정진했다간 도를 이루기 전에 몸을 상할 것이니, 추위를 막기 위한 장삼(長衫)이 덧붙여진 것은 부처님의 계율 정신에 어긋나지 않습니다. 대승의 정신으로 생명을 아껴 육식을 금하는 것 또한 이 땅의 불교가 선택한 고결한 변화겠지요."

담론이 깊어지자, 도선 율사는 '권력과 종교의 관계'라는 민감한 주제를 꺼냈다. 그의 어조에는 깊은 우려가 담겨 있었다.

"역사를 돌이켜보면 불교 교단이 왕권에 지나치게 예속될 때마다 불법이 흐려지고 쇠퇴했습니다. 권력자들은 필요할 때는 불교를 호국의 방패로 이용하다가도, 자신들의 이익에 반하면 한순간에 훼불(毀佛)을 일삼았습니다. 저는 왕권과 교단을 분리하여 독자적인 청정성을 유지해야 한다고 생각합니다.”

이에 자장은 단호한 어조로 반박했다. 그의 목소리에는 위태로운 조국 신라를 향한 애끓는 마음이 서려 있었다.

“율사님의 말씀에도 분명한 일리가 있습니다. 그러나 국가가 없는 국민이 어찌 평온할 수 있으며, 왕이 없는 나라가 어찌 불법을 지탱하는 외호(外護)의 울타리가 되겠습니까? 지금 제 조국 신라는 이웃 나라들의 침탈로 풍전등화의 위기에 처해 있습니다. 출가 사문 또한 이 땅을 딛고 사는 나라의 백성이요, 왕의 신하입니다. 나라가 무너지면 사찰도, 경전도 재가 될 뿐입니다. 왕을 중심으로 온 백성이 혼연일체가 되어야만 이 모진 시련을 이겨낼 수 있습니다. 이것이 바로 제가 생명을 걸고 지향하는 ‘호국불교(護國佛敎)’의 길입니다.”

사상의 결연한 국가관과 지계의 의지에 도선 율사는 경의를 표했다.

“대사의 호국 정신에는 단순한 애국심을 넘어선 거대한 자비가 담겨 있군요. 소승은 현재 양나라 초기부터 당나라 초기까지 고승들의 행적을 조사하여 『속고승전(續高僧傳)』을 편찬하고 있습니다. 신라에도 원광 법사와 같이 계율과 학문이 드높은 분들이 많다 들었습니다. 대사님께서도 신라의 훌륭한 스승들을 추천해 주신다면 이 책에 담겠습니다. 신라와 당나라가 비록 멀리 떨어져 있으나 불법 안에서는 한 형제와 다름없지 않습니까.”

자장은 도선 율사와의 며칠간의 담론을 통해 신라 불교가 나아갈 조직적이고 체계적인 밑그림을 완성해 나갔다. 그것은 계율이라는 차가운 이성의 뼈대에 호국이라는 뜨거운 열정의 심장을 이식하는 거룩한 작업이었다. 자장은 이제 종남산의 서늘한 바람 속에서 확신했다. 자신이 가져갈 계율이 신라의 흩어진 마음을 하나로 묶는 가장 강력한 결계가 될 것임을. 이제 자장에게 남은 마지막 관문은 오직 하나, 오대산 청량산에서 문수보살의 수기를 받는 일뿐이었다.

오대산 문수보살 친견

　종남산에서의 깊은 정진을 잠시 갈무리하고, 자장 율사는 필생의 숙원이었던 오대산(청량산) 순례를 결정했다. 그 여정에는 그림자 같은 시자 승실과 종남산에서 인연을 맺은 기인 원향 선사가 동행했다. 길을 떠나기 전, 자장은 승실에게 물었다.

　"승실 스님, 오대산으로 가는 길이 어떠한지 원향 선사에게 들은 바를 설명해 보게나."

　옆에 서 있던 원향 선사가 자신만만한 표정으로 대신 입을 열었다.

　"대사님, 이곳 장안에서 산서성 오대산까지는 약 1,480리(800km)로 결코 녹록지 않은 거리입니다. 황하의 거센 물줄기를 건너 동관(潼關) 북쪽의 험준한 고원지대를 넘어야 태원(太原)에 이르고, 다시 북상하여 북위의 옛 도읍 대동(大同)을 지나야 비로소 오대산에 다다릅니다. 걷는 데만 꼬박 40일이 걸립니다. 기도를 올리고 돌아오는 왕복 시간까지 합치면 석 달 가까이 잡아야 하는 대장정입니다.”

원향 선사는 이어 대동의 운강(雲岡)석굴을 언급하며 눈을 빛냈다.

“대동에서는 걸작으로 명성 높은 운강석굴을 참배할 수 있습니다. 거대한 암벽을 정 하나로 쪼아 만든 수만 개의 불상과 웅장한 법당은 보는 이의 숨을 멎게 하지요. 대사님, 신라에는 그토록 거대한 바위산이 드무니, 훗날 귀국하시면 그보다는 작더라도 정교한 석굴을 만들고, 마애불을 새겨 신라만의 아름다움을 살리는 것도 좋은 방편이 될 것입니다. 길이 매우 험하고 고원 지대이니, 말을 빌려 타고 가시는 게 어떻겠습니까? 황제께서 하사하신 비용도 넉넉하니 말입니다.”

자장은 고개를 저으며 단호하게 말했다.

“어찌 수행자가 제 몸 편하기 위해 짐승의 등에 올라타 성지를 순례한단 말입니까. 더군다나 지혜의 화신인 문수보살님을 뵙고자 가는 길인데 마음가짐부터 바로 해야지요. 내 두 다리가 건재하니 직접 땅을 밟으며 산천을 살피고 기도하며 걷겠습니다. 시작점이 있으면 반드시 도착점도 있는 법이지요. 또한 고통이 깊을수록 성자(聖者)의 목소리는 더 선명하게 들리는 법입니다.”

승실은 자장의 굳은 결의에 미리 준비한 행장을 다시금 점검했다.

"큰스님, 지난번 종남산에서 식수와 환경 변화로 열병을 앓으셨을 때, 문수보살님이 꿈에 나타나 신약을 내려 주지 않으셨다면 정말 큰일 날 뻔했습니다. 그때 보살님께서 큰스님은 장수하실 것이라 수기를 주셨지요. 그 은혜를 생각하며 이번엔 장안에서 산 귀한 약재와 신라에서 여왕 폐하께서 인편으로 보내온 풍기 인삼, 안동의 천마 가루를 아주 넉넉히 챙겼습니다. 원향 선사를 위한 육포도 잊지 않았으니 걱정 마십시오."

자장은 빙그레 웃으며 덧붙였다.

"두 분 스님, 길 위에서 밤마다 술잔을 기울이는 '반야법회'는 부디 삼가시오. 성지로 향하는 길에 낮과 밤을 분별하지 못해서는 아니 되겠지요."

승실과 원향은 멋쩍게 웃으며 "어찌 성지순례 길에 망령되이 행동하겠습니까."라며 자장의 뒤를 따랐다.

한 달 보름을 넘게 걸어 자장 일행이 오대산 입구에 다다른 것은 찬 기운이 여전한 3월이었다. 그들을 가장 먼저 맞이한 것은 오대산 최초의 사찰인 '대부영축사(大孚靈鷲寺)'였다. 후한 명제 시절 가섭마등이 창건했다는 이 절의 이름 중 '대부(大孚)'는 범어로 '커다란 믿음'을 뜻하며, 인도 마가다국의 영축산을 흠모하여 지어진 이름이었다. 자장은 이 이름에서 깊은 전율을 느꼈다. 훗날 신라에 세울 사찰의 산 이름 역시 부처님이 법화경을 설하신 '영축산'으로 하리라 다짐하며, 신라와 천축, 그리고 이 땅 오대산이 하나로 이어지는 법의 인연을 연상했다.

자장은 거대한 아소카왕의 탑에 부처님 진신사리를 모신 대탑원사(大塔院寺)의 장엄한 위용을 보며 감탄사가 흘러나왔다. 이번 순례에서 기필코 문수보살을 친견하리라 다짐하며 밤샘 용맹정진에 돌입했다. 먼저 동쪽 봉우리인 동대(東臺)에서 간절히 기도를 올렸으나 감응이 없자, 해발 4,000m에 달하는 가장 높은 북대(北臺)에 올랐다. 뼛속까지 파고드는 혹한 속에서 밤낮없이 기도를 올렸으나, 인간의 육신으로 자연의 풍파를 견디기엔 한계가 있었다.

북대에서 내려오는 길, 자장은 수많은 고승과 순례승이 깨달음을 얻었다는 신비로운 태화지(太和池) 연못가에 다다랐다. 그곳에는 하늘의 석공이 깎은 듯 정교하고 거대한 문수보살 석상이 서 있었다. 자장은 그 앞에서 7일 밤낮을 오직 일심으로 기도했다. 갈라진 입술로 독경을 이어 가며 문수대성(文殊大聖)의 자비를 구했다. 몸은 이미 한계를 넘어 마른 장작처럼 가벼워졌으나, 그의 의식은 오히려 서릿발처럼 날카롭게 깨어 있었다.

칠 일째 되는 날 밤이었다. 달빛조차 안개에 가로막혀 분간할 수 없는 깊은 밤, 비몽사몽간에 눈앞에 기이한 형상이 나타났다. 그것은 당나라 사람의 외모가 아니었다. 짙은 눈썹과 깊고 큰 눈, 높은 코가 인상적인 인도 스님, 즉 범승(梵僧)이었다. 그가 실제로 안개를 헤치고 걸어온 것인지, 아니면 자장의 간절한 원력이 빚어낸 환상인지는 알 길이 없었다. 다만 그가 내뿜는 서늘하고도 따스한 기운이 온몸을 휘감는 듯한 느낌에 자장은 꿈인지 생시인지 주변을 둘러보았다.

범승은 자장의 눈을 꿰뚫듯 바라보더니, 낮고 장엄한 목소리로 신비로운 주문 같은 말을 읊조리기 시작했다. 그것은 자장이 평생 익혀 온 한문 경전이 아니었다. 부처님의 고향에서 건너온 생경한 범어(산스끄리뜨어)라는 것을 직감했다. 그는 사구게(四句偈)를 들려주며 이렇게 말했다.

"이 게송은 팔만대장경 전체를 합친 것보다 더욱 유익하고 깊은 부처님의 말씀이니, 부디 한 글자도 잊지 말고 기억하라."

범승은 말을 마치자마자 마치 처음부터 존재하지 않았던 것처럼 홀연히 안개 속으로 사라져 버렸다. 자장은 정신이 번쩍 들었다. 방금 들은 소리가 귓가에 쟁쟁하게 울리고 있었다. 그러나 그것은 뜻을 알 수 없는 낯선 소리의 나열일 뿐이었다. 자장은 두려움에 휩싸였다. 보살이 내리신 이 귀한 법문을 찰나의 망각으로 잊어버릴까 봐 더욱 정신의 고삐를 당겼다. 자장은 뇌리에 새기기 위해 범승이 읊조린 소리를 되뇌었다.

"가라파좌낭 달예치구야 낭가희가낭 달예노사나."

머릿속으로 범어의 굴곡과 성조를 그림 그리듯 새겨 넣었다. 한 글자라도 틀릴까 봐, 혹은 잠이 들어 기억의 실타래가 끊길까 봐 허벅지를 꼬집으며 깨어 있었다.

해는 동산 위로 떠올랐다가 다시 서산으로 기울었다. 자장은 그 하루 동안 오직 그 소리의 울림 속에 갇혀 지냈다.

"가라파좌낭 달예치구야 낭가희가낭 달예노사나."

뜻을 모르는 채 소리만을 되뇌는 행위는 마치 캄캄한 어둠 속에서 보이지 않는 끈을 잡고 낭떠러지를 걷는 것과 같았다. 한편으론 범승이 알려준 소리를 거듭 되뇔수록 우주의 성스러운 기운과 하나가 된 느낌, 온몸, 온 마음에 충만한 기쁨에 벙긋 미소가 번졌다. 말로만 듣던 법열法悅이 바로 이런 것인가?

그렇게 "가라파좌낭 달예치구야 낭가희가낭 달예노사나."를 읊조린 지 꼬박 하루가 지났다. 오대산의 찬 이슬이 다시 자장의 어깨를 누르던 다음 날 새벽, 자장의 앞에 한 노승이 나타났다. 노승은 어제 본 범승과는 달랐으나, 그 눈빛만은 오대산의 정기를 그대로 담은 듯 맑았다. 노승은 자장이 웅얼거리는 게송을 듣더니 인자하게 웃으며 이를 한역(漢譯)해 주었다.

"일체의 진리를 분명히 깨달았으니
우리의 본래 마음[自性]은 고정된 실체가 없네.
이와 같이 마음이 공(空)한 이치[法性]를 깨달으면
곧바로 노사나불[法身]을 보리라.

了知一切法(요지일체법)

노승의 한마디에 자장의 머릿속을 맴돌던 범어의 파편들이 거대한 소용돌이가 되어 하나의 진리로 꿰어졌다. 소리뿐이었던 껍데기에 지혜의 알맹이가 채워지는 찰나였다. 세상의 모든 존재와 현상이 인연에 따라 연결되어 드러날 뿐 고정된 실체가 없다는 연기(緣起)와 공(空)의 도리를 머리가 아닌 온몸으로 깨달은 자장은 바로 노승에게 큰절을 올렸다.

노승은 품 안에서 성물(聖物) 하나를 꺼내 자장에게 건넸다. 그 안에는 붉은 비단에 금색 점이 박힌 가사 한 벌, 발우 한 벌, 그리고 부처님의 머리뼈인 정골사리(頂骨舍利) 100과가 들어 있었다.

"이 성물들은 석가모니께서 직접 사용하신 물건이자 그분의 진신(眞身)이니, 신라로 돌아가 절과 탑을 짓고 정성을 다해 공양하라."

이어서 노승은 자장의 눈을 똑바로 응시하며 엄중히 부촉했다.

"그대의 나라 동북방 명주(溟州) 땅에도 오대산이 있으니, 일만의 문수보살이 항상 상주하는 그곳에 가서 이 성물들을 봉안하고 공양하면 길이 부처님의 가피를 받으리라."

말을 마친 노승이 양털 같은 구름 속으로 사라지는 찰나, 하늘에는 찬란한 금빛 서광과 함께 사자를 탄 문수보살이 화현(化現)했다. 자장은 그때서야 노승으로 모습을 나툰 문수보살을 친견했다는 것을 깨닫고 진작에 알아보지 못한 자신을 부끄러워했다. 부끄러움이 큰 만큼 문수보살의 부촉을 반드시 실행하리라는 원력을 가슴 깊이 새겼다.

"나무 대성 문수보살! 일심으로 원하고 기도하면 반드시 응답하시는군요. 이제 다시는 부처님과 보살님의 영험을 의심하지 않겠습니다."

이에 원향 선사가 감격에 찬 목소리로 설명했다.

"대사님, 태종 황제가 오대산을 국가 수호의 성산으로 격상시킨 이유를 이제야 알겠습니다. 황제는 이곳 오대산에 머무시는 문수보살의 지혜를 빌려 다민족 국가인 당나라를 하나로 통합했습니다. 지금 오대산은 일본, 티베트, 인도의 사문들이 구름처럼 몰려드는 불교 성지입니다. 대사께서 신라 명주의 오대산을 찾아 이 성물을 봉안하신다면, 신라는 동방의 진정한 불국토로 거듭날 것입니다."

자장은 원향의 말을 경청하며 화답했다.

"『화엄경』「보살주처품」에 의하면, '동북방 청량산에 문수보살이 상주하며 일만 보살에게 법을 설한다.'라고 하였소. 맑은 지혜가 샘솟기에 이곳을 청량산이라 부르는 것이니, 문수보살님은 실로 모든 부처님의 어머니, 불모(佛母)라 할 수 있소."

문수보살의 수기를 가슴에 품고 종남산으로 돌아온 자장의 법력은 날이 갈수록 드높아졌다. 그에게 계를 받기 위해 사람뿐 아니라 산신(山神)들까지 찾아온다는 소문이 퍼졌다. 당나라 황제 이세민은 자장의 공덕을 치하하며 비단 200필을 보냈다.

그러나 평온한 종남산까지 신라의 비통한 소식이 전해졌다. 백제 의자왕의 침공이 날로 거세져, 신라의 서쪽 국경이 속수무책으로 무너지고 있다는 소식이었다. 백제의 칼날은 이미 한강 유역을 위협하고 있었으며, 서라벌 서쪽 접경 지역까지 전운이 짙게 깔려 백성들의 비명이 끊이지 않았다. 조국 신라가 바람 앞의 등불처럼 위태롭다는 긴박한 전언을 접한 자장은 주장자를 꽉 쥐었다.

"이제 때가 되었구나."

문수보살에게 받은 성물(聖物)과 호국의 비책을 가슴에 품고 자장은 멀리 동쪽 하늘을 바라보았다. 당나라에서 배운 것은 이미 충분했다. 이제는 위기에 처한 조국과 중생을 구원하러 가야 한다는 각오가 샘솟았다. 자장은 승실과 원향 선사를 불러 귀국 채비를 서둘렀다.

4 장

자장 율사를 불러오라

황제의 선물, 불교 경전 400상자

선덕여왕 12년(643) 1월, 신라 조정은 절박한 국서를 통해 자장의 환국을 공식 요청했다. 붉은 인장이 찍힌 선덕여왕의 친서에는 백제의 끊임없는 도발에 국경의 무너지는 소리, 그리고 폭풍 전야와 같은 국운에 대한 여왕의 깊은 고뇌가 배어 있었다. 여왕은 자장에게 신라의 정신적 지주가 되어 달라며 간곡한 귀국 요청을 전해온 것이다.

"승실 스님, 신라에 큰 변란이 생긴 모양이네. 예상은 했지만, 여왕 폐하의 서신이 이토록 절박한 것을 보면… 당장 장안으로 돌아가 황제 폐하께 작별을 고하고 귀국 채비를 서두르세."

자장의 말에 승실과 원향 선사는 밤낮을 잊고 바삐 움직였다. 자장 율사가 귀국한다는 소식은 순식간에 장안 전체로 퍼져 나갔다. 당 태종 이세민은 신라의 고승이자 자신의 영적 도반이었던 자장의 떠남을 진심으로 아쉬워했다. 그는 3품 이상의 고관(高官)들을 소집하여 전례 없는 성대한 송별연을 베풀었다. 장안의 홍복사(弘福寺)에서는 자장의 귀국을 기념하는 대규모 송별 법회와 수계식이 열렸다. 자장의 청정한 계율과 깊은 학식을 흠모하던 수천 명의 당나라 관리들과 백성들이 그에게 마지막으로 보살계를 받고자 구름처럼 몰려들었다.

수계 법회가 끝난 후, 당 태종은 자장을 따로 황궁 깊숙한 편전으로 불렀다. 대제국의 황제와 변방 소국의 고승 사이에는 5년이라는 세월이 쌓아 올린 깊은 신뢰가 흐르고 있었다.

"대사께서 장안에 머문 지 어느덧 5년이오. 세계의 온갖 문물이 모이는 이곳 당나라에서 얻은 바가 조금이라도 있소이까?"

자장은 정중히 합장하며, 대제국의 심장부에서 목격한 문명의 정수를 신라에 어떻게 이식할지를 담담하게 말했다.

"황제 폐하 덕분에 소승은 실로 많은 것을 보고 배웠습니다. 폐하께서는 문수보살의 총명함과 사자의 위엄을 두루 갖추신 성군이십니다. 소승은 신라로 돌아가 폐하께서 보여 주신 율령 제도와 관복, 연호 등을 받아들여 신라의 기틀을 새로이 바로잡고자 합니다. 특히 유교와 도교, 불교를 아우르는 폐하의 개방적인 통치 철학은 신라의 분열된 마음을 하나로 통합하는 데 더할 나위 없는 교훈이 될 것입니다. 소승은 화엄(華嚴)의 넓은 바다와 같은 지혜로 신라를 다시 세울 작정입니다.”

이세민은 흐뭇한 미소를 지으면서도, 한편으로는 자장의 빈자리를 아쉬워하며 말을 이었다.

“대사가 귀국한다니 내 빈손으로 보낼 수 없구려. 대사는 짐의 스승이나 다름없소. 무엇이든 좋으니, 짐에게 원하는 것을 거리낌 없이 말해 보시오.”

자장은 그와 같은 당 태종의 말이 반가웠다. 개인의 욕심이 아닌, 한 나라의 문명을 통째로 바꾸겠다는 구도자의 원력이 있었기에 사양할 수 없었다.

“신라는 불법이 전해진 지 오래되었으나, 부처님의 말씀을 기록한 경전이 턱없이 부족합니다. 수나라 때 편찬된 대장경을 신라로 가져가 불국토의 영원한 초석으로 삼게 해 주십시오.”

이세민은 잠시 침묵에 잠겼다. 수나라 고조 황제가 중국에 전래된 천축국(天竺國)의 범어 경전을 수많은 역경가를 동원해서 한문으로 번역하고, 이 한역 경전을 집대성하여 불교 대장경을 편찬하였다. 그러나 그 양이 방대할 뿐만 아니라 필사본이 몇 질 없는 국보 중의 국보였다. 이는 곧 제국의 지적 자산을 넘겨주는 일과 같았다. 그러나 태종은 이내 호탕하게 고개를 끄덕였다.

“과연 대사는 당나라 불교의 정수이자 지혜의 창고를 통째로 가져가려 하시는구려! 짐이 약조한 것이니 기꺼이 내어 주리다. 400함에 달하는 방대한 경·율·론 삼장을 모두 실어 신라로 보내겠소. 신라의 어둠을 밝히는 등불이 되길 바라오.”

이어 태종은 자장에게 개인적인 정표라며 직접 쓴 서예 작품 한 점을 건넸다. 그는 서성(書聖) 왕희지의 서법을 광적으로 연모하여 스스로도 일가견을 이룬 명필이었다. 자장은 감사의 인사를 올린 후, 태종에게 평소 궁금해하던 질문을 던졌다.

“세간에 폐하께서 천하 명필 왕희지의 진본 ‘난정서(蘭亭書)’를 소장하고 계신다는 소문이 자자합니다. 실로 그렇습니까?”

자장의 단도직입적인 물음에 태종은 허심탄회하게 답했다.

“동진 시대 왕희지의 7대손인 지영 스님이 소장했던 진본에 대한 얘기를 대사도 알고 있었군요. 지영 스님의 제자인 변재(辯才)라는 노승이 법당 서까래 속에 숨겨 두고 내놓지 않던 것을, 짐이 감찰어사 소익(蕭翼)을 보내 기막힌 계책으로 입수했지요. 소익이 서생으로 변장하여 변재와 바둑을 두며 환심을 산 뒤, 변재가 방심한 틈을 타 진본을 찾아내었소. 짐은 이것을 죽을 때 무덤까지 함께 가져갈 생각이오.”

태종은 자장이 말을 꺼낸 의도를 알아차렸다는 미소를 지으며 약속했다.

“최고의 명필인 구양수와 저수량에게 명하여 그 진본을 한 치의 오차도 없이 모사(模寫)하게 해두었으니, 그 모사본이 완성되는 대로 신라에 한 점을 꼭 보내 주겠소. 신라인들도 왕희지의 글씨를 보면 대국의 기운을 느끼게 될 것이오.”

이날 당나라 태종은 자장에게 최고의 예우를 갖추어 스승으로 대접했다. 또한 황실에서만 쓰는 정교한 무늬의 금란가사(金襴袈裟) 한 벌과 비단 500단을 하사했다. 훗날 고종이 되는 태자 역시 비단 200단을 보태어 자장의 귀국 행렬을 화려하게 장식했다.

자장이 품은 것은 단순히 금과 비단이 아니었다. 부처님의 정골사리인 '불보(佛寶)', 400함에 달하는 방대한 대장경인 '법보(法寶)', 그리고 당나라 황실과 고승들로부터 정통성을 인가받은 자장 자신인 '승보(僧寶)'였다. 불교의 세 가지 보배를 완벽하게 갖추어 귀국하는 자장의 선단은 이제 단순한 유학승의 배가 아니었다. 그것은 신라 불교의 체계와 당나라의 선진 문화를 통째로 옮겨 가는 거대한 '문명의 방주(方舟)'였다.

훗날 고려의 대각 국사 의천은 이 일을 두고 다음과 같이 극찬했다.

"신라 불교의 율학(律學)은 자장이 당나라에서 삼장(三藏; 經律論)을 대량으로 수입하면서 비로소 국가적 제도 기반을 갖추었다."

양주의 검은 그림자

"신라가 망해 가고 있다."

장안(長安)을 떠나기 전, 고국에서 온 유학승들과 사신단 사이에서 유령처럼 떠돌던 그 참담한 말이 자장의 뇌리를 한시도 떠나지 않았다. 자장은 5년간의 수행을 갈무리하고, 신라를 다시 일으킬 '법의 등불'을 품은 채 귀국길에 올랐다.

장안에서 양주로 내려오는 운하의 배 위에서, 자장은 왜국(倭國; 일본)에서 온 유학승 겐신(玄信)과 많은 시간을 보냈다. 장안 유학 시절부터 불법의 깊은 뜻을 나누던 막역한 사이였던 겐신 역시 자신의 나라 왜국에 불교를 전파하여 도탄에 빠진 백성들을 구제하겠다는 강한 사명감을 품고 있었다.

"자장 대사, 그대의 나라 신라도, 소승의 나라인 왜국도 참으로 갈 길이 멉니다. 우리가 가져가는 이 법(法)이 과연 그 척박한 땅에서 진정 꽃을 피울 수 있겠습니까?"

겐신이 물었을 때, 자장은 그저 옅은 미소로 답할 뿐이었다. 그러나 자장은 겐신의 흔들리는 눈동자 너머로 일렁이는 묘한 갈망을 읽어냈다. 그것은 순수한 사명감을 넘어선, 눈에 보이는 '성물(聖物)'에 대한 집착에 가까운 열망이었다.

선단이 당나라 제일의 국제 항구인 양주(揚州)에 닿았을 때, 도시는 뼛속을 파고드는 냉기와 짙은 안개로 가득했다. 서라벌로 향하는 큰 해선(海船)으로 갈아타기 위해 머물러야 하는 짧은 시간이었으나, 양주의 분위기는 장안과는 달리 거칠었다.

일행은 동관거리 초입의 2층 목조 객잔에 여장을 풀었다. 당 태종은 자장의 귀국을 예우하기 위해 순금과 백은으로 틀을 잡고 산호, 마노, 호박, 진주 등 일곱 가지 보석을 촘촘히 박아 넣은 '칠보 사리함'을 하사했었다. 선단의 모든 이들은 부처님의 사리가 낭연히 그 화려한 보석함 속에 안치되어 있을 것이라 믿어 의심치 않았다. 객잔 주인과 주변의 탐욕스러운 시선 역시 그 찬란한 광채에 쏠려 있었다.

귀국선을 타기 전, 자장이 반드시 해야 할 일이 있었다.

"승실 스님, 양주의 대명사(大明寺) 서령탑(栖靈塔)으로 가세나. 그 탑에 수나라 고조 문제께서 모신 진신사리가 봉안되어 있네. 고국으로 떠나기 전 부처님께 마지막 기도를 올려야겠으니."

30년을 그림자처럼 보필해 온 호위무사이자 시자인 승실은 의아한 듯 물었다. 그의 손에 들린 대나무 주장자는 실은 죽장도(竹杖刀)라는 것을 아는 이는 승실밖에 없었다. 승실은 서릿발 같은 예사롭지 않은 기운을 감지했다.

"스님, 귀국선 준비가 한창입니다. 여각에서 짐을 지키는 것이 더 긴요하지 않겠습니까?"

"짐은 호위무사들이 지킬 것이네. 지금 내게 시급한 것은 신라의 안녕을 비는 마음을 지키는 것일세. 여왕 폐하의 병세와 백성들의 피눈물을 생각하니 잠시라도 부처님의 진신사리를 모신 탑에 예를 올려야 마음이 편할 것 같구먼."

자장은 승실만을 대동한 채 9층 목탑인 서령탑 정상에 올랐다. 서쪽 신라의 하늘을 바라보며 자장은 깊은 명상에 들었다.

"부처님, 소승이 5년 동안 모신 사리와 대장경, 그리고 계율이 신라를 부처님의 나라로 만드는 씨앗이 되게 하소서. 제가 이 땅에 온 이유를 증명하게 하소서."

기도가 절정에 달했을 무렵, 자장은 가슴속에서 일렁이는 불길을 보았다. 고개를 돌려 시내를 내려다보니, 멀리 그들이 묵고 있는 객잔 쪽에서 연기가 피어올랐다.

"스님, 객잔에 불길이 보입니다!"

"승실 스님, 먼저 가게! 황제께서 하사하신 성물이 결코 소실되어서는 안 되네. 그것은 당나라 황실의 얼굴이자 신라의 체통이 될 소중한 성물일세!"

승실은 대답과 동시에 탑의 난간을 박차고 전광석화처럼 내려갔다. 그가 객잔에 당도했을 때, 현장은 겐신이 매수한 건달들의 습격으로 아수라장이었다. 겐신은 혼란을 틈타 칠보 사리함을 품에 안고 나루터로 달리고 있었다. 승실은 죽장도를 휘둘러 길을 막는 건달들을 단숨에 제압하고 겐신의 뒤를 쫓았다.

"겐신 스님, 멈추시오!"

나루터의 어둠 속에서 승실이 겐신의 앞을 가로막았다. 겐신은 당황하여 단검을 빼 들었으나, 승실의 죽장도가 그의 손목을 내리치자 검은 힘없이 떨어졌다. 곧이어 자장이 다급히 현장에 도착했다. 땅바닥에 엎드려 바들바들 떨고 있는 겐신을 보며 자장은 엄한 목소리로 꾸짖었다.

"겐신 스님, 도반의 정을 저버리고 부처님의 이름을 더럽히는 짓을 어찌 삼행했는가? 그대의 나라를 위한다는 명분으로 도적질을 정당화하려 드는가?"

겐신이 고개를 들고 울먹이며 소리쳤다.

"대사, 우리 왜국은 어둡고 거친 땅이오! 왕실의 위엄을 세우고 백성을 이끌기 위해선 이 황금빛 성물이 반드시 필요했소! 신라만 부처의 가호가 필요한 것이 아니지 않소!"

"어리석구나! 불법은 보석의 광채에 깃드는 것이 아니라 수행자의 청정한 계율과 백성을 향한 자비에 깃드는 법이다. 훔친 보물로 세운 권위가 어찌 백성의 진정한 안식처가 되겠는가? 그대가 가져가야 할 것은 이 칠보 상자가 아니라 부처님의 참된 가르침이어야 했다!”

자장의 사자후를 듣고 겐신은 자신의 집착이 얼마나 큰 업을 쌓았는지 깨달았다. 자장은 깊은 한숨을 내쉬며 땅에 머리를 박으며 참회하는 겐신을 일으켜 세웠다.

“겐신 스님, 성물은 백성을 다스리는 도구가 아니라 그들의 고통을 비추는 거울이어야 합니다. 껍데기만 화려한 칠보 상자를 가져간들, 그것이 어찌 왜국의 헐벗은 들판을 적시는 감로수가 되겠습니까. 스님의 참회는 도둑질에 대한 반성의 끝이 아니라, 마음속에 참된 법을 세우는 시작이어야 합니다.”

겐신은 굵은 눈물방울을 떨어뜨렸다. 자장은 회수한 보석함을 승실에게 맡기고, 장삼 안쪽 깊숙한 곳에서 나무로 된 투박한 사리함 하나를 꺼내 보였다.

“승실 스님, 저들이 노린 건 황제의 권세가 박힌 껍데기일 뿐, 진신사리는 한시도 내 몸에서 떨어진 적이 없다네.”

자장은 겐신의 속내를 미리 간파하고 진신사리를 몸에 지녀 위기를 모면했다. 간신히 고비를 넘겼으나 그의 마음은 여전히 무거웠다. 양주의 밤을 수놓은 정월의 설화(雪花) 속에서 그는 조국 신라의 불타는 강토를 환영처럼 마주했다. 방대한 대장경 400함과 부처님의 진신사리, 그 고귀한 법맥을 지탱하기 위한 자장의 고난 어린 행보는 그렇게 시작되었다.

불타는 대야성

642년(선덕여왕 11년) 7월, 대야성 전투가 발발했다.

대야성은 현재 경상남도 합천군에 자리한 신라의 서쪽 관문성이다. 이곳만 굳건히 지킨다면 신라의 서부 지역은 안전하게 빙어할 수 있다. 낙동강 서안에 위치한 대야성은 신라의 마지막 보루다.

대야성의 성주 김품석은 진골 명문거족 출신이었다. 매우 영민하고 인물도 좋아 일찍이 김춘추의 딸인 고타소와 혼인했다. 옥에 티라면 지나치게 호방한 성격 탓에 술을 말술로 마시고 주색을 탐했다는 점이다. 마치 대야성의 왕이라도 된 듯, 매일 술에 취해 세상을 다 가진 사람처럼 굴었다. 양가 집안의 배경 덕분에 풋내기 장수였음에도 무리하게 임명받은 젊은 성주였다.

백제 의자왕은 7월의 찜통더위가 분지(盆地) 금성을 달구던

때, 백제의 명장 윤충 장군과 계백 장군에게 1만 명의 정예 군사를 주어 대야성 공략을 명했다. 윤충 장군의 군사들은 전광석화처럼 대야성을 향해 쳐들어갔다. 주변의 40여 개의 성을 순식간에 함락시키고 대야성을 포위했다. 밤낮으로 불화살과 석포를 쏘았다. 대야성은 순식간에 불바다가 되었다. 성주 김품석과 군사들은 혼비백산, 허둥지둥 어쩔 줄 몰라 했다. 김품석이 미친 사람처럼 외쳤다.

"왕경(王京)으로 파발을 보내 지원병을 요청하라! 대야성은 천혜의 요새다. 결단코 함락되지 않을 것이다. 며칠만 버틴다면 서라벌에서 장인(김춘추)께서 군사를 이끌고 오실 것이다!"

서라벌에 대야성의 급보가 닿았다. 김춘추는 여왕께 보고할 겨를도 없이 선무후계를 택했다. 곧바로 군사를 징발하고 필탄을 대장군으로 삼아 대야성으로 파병했다. 그러나 이를 미리 내다본 윤충 장군은 길목마다 병력을 매복시켜, 신라의 지원군을 완전히 격퇴했다.

지원병이 궤멸되었다는 보고가 올라오자, 윤충 장군의 진영에는 승전의 기운이 돌았다. 이제 성안은 고립되었다. 그러나 윤충은 섣불리 안도하지 않았다. 대야성은 천혜의 요새답게 쉽게 무너지지 않으리라는 것을 예측했기 때문이다. 무덥고 습한 날씨, 풍토병으로 쓰러지는 군사들이 부지기수였다.

윤충 장군은 전황을 냉정히 가늠했다. 한여름, 얼마 지나지 않아 장마와 태풍이 불어닥칠 것이다. 전투가 지연되면 만 명의 군졸이 먹을 식량과 식수가 먼저 바닥날 터였다. 전쟁은 기세가 아니라 군수 보급 때문에 끝난다는 사실을 그는 누구보다 잘 알고 있었다.

그는 마침내 진중에서 크게 외쳤다.

"속전속결로 끝내야 한다. 시간은 우리 편이 아니다. 저 험한 성벽을 가장 먼저 넘는 자에게는 성안의 금은보화와 미인을 마음껏 차지하게 하겠다. 전군이여, 총공격하라!"

그러나 천혜의 요새 대야성은, 금방이라도 무너질 듯 보이면서 끝내 버텨냈다. 공방이 거듭될수록 윤충 장군은 조급해졌다. 결국 그는 이를 악물고 명을 내렸다.

"정면 공격만으로는 안 된다. 오늘은 물러난다. 내일 다시 계책을 세워 전후방에서 양동으로 치겠다. 전군, 퇴각하라!"

그날 밤, 어둠이 짙어졌다. 윤충 장군의 지휘 본영 막사 안으로 부장이 다급하게 신라군 포로를 끌고 나타났다.

"대장군, 신라군이 항복해 왔습니다. 대야성에서 군량미와 무기를 보관, 관리하는 보급 창고의 책임자인 군수(軍需) 검일(黔日)이라는 자입니다."

"저자가 혹 신라의 세작(細作)은 아닌지 철저히 조사하라."

"장군, 소인은 첩자가 아닙니다. 소인은 식량 창고를 관리하고 있는 말단 하사관입니다. 장군께 대야성을 바치고자 목숨을 걸고 이곳에 왔습니다. 믿어주십시오."

"그대는 신라인으로서 대체 무슨 까닭으로 조국을 배신하려는 것이며, 무엇을 근거로 믿어 달라는 것이냐?”

“저는 원수를 갚고자 합니다. 작년 3월에 부임해 온 성주라는 자가 소인의 아내를 겁탈하여 죽음에 이르게 했습니다. 그 성주는 김품석인데, 신라 왕족인 이찬(伊飡) 김춘추의 사위입니다. 성주로 부임하여 잔치를 벌이던 날, 미모가 빼어난 소인의 아내가 음식 만드는 일을 돕자, 성주가 아내를 탐하여 그날 밤 저에게 독한 술을 잔뜩 먹여 잠들게 한 후 아내를 겁탈했고, 아내는 수치심을 이기지 못하고 곧바로 자결했습니다.

제 목숨은 이미 제 것이 아니며, 오직 그놈을 죽이고 저 또한 함께 죽는 것만이 남았습니다. 부디 장군께서 저의 사무친 원한을 풀 수 있도록 도와주십시오.”

“대장부로서 제 아내의 정절조차 지키지 못한다면 부끄러운 일일 터, 아내가 정절을 지키고자 순절했다면 그 명예를 드높이는 것 또한 장부가 마땅히 해야 할 일이다. 이번 일이 성공한다면, 네게 높은 벼슬을 내릴 것이다. 윤충, 내 이름과 명예를 걸고 굳게 약속하겠다.”

“지금 즉시 군진으로 돌아가 보급 창고에 불을 놓겠습니다. 제 아우 검이가 이미 창고 인근에 마른풀과 기름을 쌓아 두었을 것입니다. 불씨만 던지면 순식간에 불길이 번질 겁니다.

그리고 오래 굶겨 흉포해진 장닭 몇 마리를 준비해, 꼬리에 불을 붙여 곡식 창고로 풀어놓겠습니다. 닭들이 날뛰며 이곳저곳을 뛰어다니면 불은 걷잡을 수 없이 번질 것입니다.

대야성 안에 불길이 치솟는 순간, 즉시 총공격을 감행해 성문을 향해 밀어붙이십시오. 그 혼란을 틈타, 제가 안에서 어떻게든 성문을 열겠습니다.”

“오오, 하늘이 우리 백제를 돕는구나. 오늘 밤에야 우리 성왕 폐하의 원수를 갚겠구나. 그대는 나의 형제다. 너를 나의 친아우로 삼을 것이다.”

윤충 장군은 계백 장군에게 파발을 보내 즉시 군사를 이끌고 대야성 성문 앞으로 집결하라는 통문을 보냈다. 그리곤 전 군영에 전투 갑호명령을 하달하고 전군을 비상 대기시켰다.

검일은 야음을 틈타 다시 대야성 비밀통로로 되돌아갔다. 얼마 지나지 않아 대야성에서 불길이 솟구쳐 올랐다. 대야성 군사들은 갑작스레 솟아오르는 불길에 혼이 빠져나간 듯 망연 사실하였다. 백제군의 함성에 성벽마저 흔들렸다. 백제군은 불화살을 쏘아댔다. 거대한 사다리를 타고 성벽을 기어오르는 백제 군사들은 날쌔고 용감했다.

백제의 명장 계백 장군의 우렁찬 고함소리와 함께 대야성 문이 활짝 열렸다. 윤충은 백제군에게 투항하는 자는 목숨을 살려 주겠다며 무조건 항복할 것을 종용했다. 동이 터 오는 새벽녘, 신라군과 대야성 주민들은 두 손을 높이 들고 무릎을 꿇은 채 벌벌 떨고 있었다. 삽시간에 전쟁이 끝나 버렸다.

검일은 김품석을 찾았으나 눈에 보이지 않았다. 윤충 장군은 성주를 찾아서 꼭 생포하라고 명령했다. 성주와 그의 아내를 사로잡아 백제왕께 바칠 생각만 해도 가슴이 뛰었다.

그러나 성주 김품석은 적에게 포로로 잡히는 치욕을 감수하느니, 차라리 집안의 명예를 지키며 떳떳하게 죽는 길을 택하겠다며 아내를 칼로 베고 자신 또한 스스로 목숨을 끊었다. 이튿날 아침 해가 밝아 오자, 김품석과 그의 부인 고타소의 시신이 발견되었다.

윤충 장군은 김품석과 고타소의 목을 술통에 담아 소금에 절인 후 사비성의 의자왕에게 바쳤다. 의자왕은 두 사람의 목을 보며 눈물을 글썽였다.

"오늘에야 원수 새끼의 두목을 절두(截頭) 참신(斬身)하여 이 손자가 할바마마의 제단에 바칩니다. 불구대천(不俱戴天) 철천지원수(徹天之怨讐)를 갚았습니다."

백제 성왕(聖王)은 의자왕의 증조부로 554년, 관산성(충주) 전투에서 신라군과 싸우다 전사했다. 백제 성왕은 사비성으로 천도하고 백제의 중흥을 이끌며 전륜성왕을 꿈꾼 호불(好佛) 군주였다. 왕이 전투를 격려하기 위해 불시에 전쟁터에 순시를 나왔다가 세작에게 정보가 새 나가 김무력(김유신의 조부) 장군에게 포로로 잡혔다.

김무력 장군은 비장 고도(苦都)에게 명하여 성왕의 목을 베게 하였다. 고도는 말을 기르는 노비 출신의 하급 장교였다.

성왕이 "나는 천한 노비에게 죽고 싶지 않다. 장군이 직접 나의 목을 베라."라고 하였으나, 김무력 장군은 "그럴 수는 없다. 우리 신라의 원수 우두머리의 목을 신라에서 가장 미천한 군사의 칼로 처리하고 싶다."라고 하며 고도에게 성왕의 목을 치라 명했다. 성왕의 머리를 월성 궁궐의 북쪽 문턱의 댓돌 밑에 묻고 신하들이 문을 드나들며 그 위를 짓밟고 다니며 마음에 잊지 말고 가슴에 새기도록 하였다. 이때 백제의 3만 명 군사와 1품 좌평 4명이 죽었다.

의자왕은 술통 속에 절인 두 시신을 바라보며 독한 소주를 마셨다. 드디어 신라가 의자왕의 수중에 떨어졌다. 서라벌 남산 포석정에서 술잔을 띄워 놓고 승리의 잔치를 하는 것은 이제 시간문제다. 의자왕은 생각만 해도 가슴이 벅차올라 감정을 주체할 수 없었다. 밤새도록 술을 퍼마셨다.

신라행 귀국선

겨울바람이 돛대를 때리고, 검푸른 서해의 파도는 자장의 번민처럼 사납게 요동치고 있었다. 양주의 항구는 이미 수평선 너머로 사라졌다. 자장은 갑판에 홀로 서서 동쪽, 고국 신라를 향해 바라보고 있었다. 그의 손에는 신라에서 온 긴밀한 보고서가 들려 있었다. 종이의 질감은 거칠었으나, 그 안에 담긴 내용은 그보다 훨씬 더 거칠고 참혹했다.

대야성에서 사위 김품석과 딸 고타소를 잃었다는 비보를 접한 김춘추는 혼이 나간 듯 기둥에 몸을 기대고 서서, 하루가 저물도록 한 발짝도 움직이지 않았다. 마치 목석처럼 굳은 몸, 허공을 바라보는 그의 눈에는 핏발이 서 있었다. 그러나 그 깊은 슬픔과 분노는 곧 뜨거운 개혁 의지로 탈바꿈했다. 김춘추는 곧장 김유신을 찾아갔다. "내가 미쳐 가는데 내 손을 잡아 줄 사람이 누구겠느냐."라며 김유신에게 호소했다. 두 사람은 그날 밤, 낡은 골품제를 타파하고 오직 능력으로 인재를 세워 신라를 근본적으로 개혁하자며 피의 맹세를 나눴다.

김춘추의 파격적이고도 위험한 행보가 이어졌다. 그는 원군을 청하기 위해 직접 고구려로 건너갔다. 연개소문을 대면하기 위해 사지(死地)로 발을 들인 것이다. 만약 자신이 돌아오지 못하면 지체 없이 군사를 일으켜 달라는 김춘추의 유언 같은 청에, 김유신은 5만의 정예병을 이끌고 죽령을 넘어 고구려 국경을 압박하는 무력시위를 벌였다.

당시 고구려는 연개소문이 영류왕을 시해하고 역모를 일으킨 지 채 일 년도 되지 않아 국내 정세는 불안정했으며, 당나라 황제 이세민의 침공에 대비하여 모든 역량을 집중해야 하는 상황이었다. 그러므로 신라와의 전쟁은 불가했고, 결국 김춘추를 석방할 수밖에 없었다. 사선을 넘나들며 돌아온 김춘추의 눈빛은 더 이상 예전의 온화한 귀공자가 아니었다. 이제 그는 백제를 멸하고 윤충과 의자왕의 목을 베어 삼한을 일통(一統)하겠다는 집념에 불타는 투사가 되어 있었다.

보고서의 행간마다 묻어나는 그들의 절박한 숨결을 느끼며 자장은 천천히 눈을 감았다. 감긴 눈꺼풀 너머로 지난날 서라벌 숲에서 마주했던 두 청년의 모습이 스쳐 지나갔다. 검 끝에 신라의 안녕이 달려 있다며 포효하던 김유신의 기개와 부드러운 미소 속에 서늘한 지략을 품었던 김춘추의 눈빛이 선명하게 떠올랐다. 한때 조국을 사랑하던 꿈 많은 청년들이었으나, 이제 그들은 자식을 잃은 부모의 피눈물과 국가의 존망을 짊어진 채 목숨을 초개처럼 내던지는 지도자가 되어 있었다. 화랑과 정치가로서 피로 물든 길을 걷는 그들을 떠올리며, 자장은 부처의 제자인 자신은 무엇을 해야 하는지 깊고 무거운 고뇌에 빠져들었다.

본래 신라로 향하는 최단 항로는 한강 하류의 당항성(黨項城)이었다. 하지만 대야성이 함락된 이후 백제의 공세와 고구려의 압박이 거세지면서, 진흥왕 이래 신라의 대당 외교와 문물 교류를 해온 당항성은 해상과 육로 모두 봉쇄되었다. 남해안을 거쳐 은빛 물결의 조기 떼가 노니는 영광 포구로 이어지는 우회 항로 또한 선택하기 어려웠다. 그곳은 신라 선박을 노리는 백제 수군의 삼엄한 감시망이 뻗쳐 있는 위험천만한 길이었기 때문이다.

결국 자장과 당나라 선단은 정월의 매서운 북서 계절풍을 이용해 남쪽으로 크게 우회하여 탐라국 북쪽의 거친 항로를 택할 수밖에 없었다. 거제와 통영 앞바다의 복잡한 물길을 지나 동북으로 기수를 돌려 울주항에 이르는 길, 이 바닷길은 적의 칼날은 피할 수 있었으나 겨울 바다가 뿜어내는 혹독한 풍랑이라는 치명적인 위협을 감수해야만 했다.

선창에는 부처님의 진신사리와 방대한 불경, 황실의 하사품인 비단이 가득 실려 있었기에, 호위무사들과 선원들은 한시도 긴장의 끈을 놓지 못한 채 침묵 속에 위태로운 항해를 이어 가고 있었다. 결국 우려하던 겨울 바다의 노여움이 배를 덮쳤다. 하늘은 순식간에 암흑으로 뒤덮였고, 배가 급격히 기울어지며 날카로운 비명이 터져 나왔다. 집채 같은 파도가 배를 집어삼킬 듯 달려들었다.

"폭풍이다!" "닻을 내려라!"

절규하는 선원들의 외침도 광풍에 묻혔다. 배가 파손되어 차가운 바닷물이 선실까지 밀려들어 오기 시작했다. 자연의 분노 앞에 인간의 의지는 한낱 먼지보다 못한 것만 같았다. 자장은 흔들리는 선체에 몸을 기댄 채, 이것이 자신에게 주어진 마지막 시험이자 신라의 운명을 건 결판임을 직감했다. 그는 두툼한 장삼을 여미고 요동치는 갑판 중앙에 가부좌를 틀고 앉았다. 비바람이 몰아치고 배가 전복될 위기 속에서도 눈을 감고 바위처럼 좌정했다. 비명 소리와 파도 소리가 아득해졌다. 내면의 고요에 직면했을 때 그는 간절히 기도하기 시작했다.

기도한 지 얼마 지나지 않아 거칠게 소용돌이치던 바다 밑바닥에서 영롱한 금빛이 솟구쳐 올랐다. 집채만 한 파도가 자장의 몸 앞에서 벽처럼 멈춰 섰다. 거품 섞인 바닷물 사이로 한 형상이 나타났다. 서해를 다스리는 용왕(龍王)이었다. 푸른 비늘은 달빛보다 차갑게 빛났고, 그 눈에는 깊은 심해의 지혜가 담겨 있었다.

"신라의 대국통 자장이여, 그대의 원력이 바다 밑 잠자는 용들의 꿈까지 흔들었도다."

용왕의 목소리는 파도 소리를 압도하며 자장의 귓가에 울렸다. 자장은 눈을 뜨지 않은 채 나직이 답했다.

"조국 신라의 백성들이 도탄에 빠졌나이다. 부처의 정법(正法)으로 이 산하를 덮어 지키고자 하니, 용왕께서는 길을 열어 주소서."

자장의 흔들림 없는 도력과 간절한 호국(護國)의 서원에 감화된 용왕은 길게 포효했다. 용왕의 입에서 뿜어져 나온 투명하고도 오색찬란한 보석들이 자장의 발치에 모여들었다. 세상에서 볼 수 없었던 보석들이었다.

"이것은 물속에서 오랜 세월 정기를 머금은 수마노(水瑪瑙)이다. 그대가 장차 명주 백두대간의 정맥을 찾아 이 수마노로 탑을 쌓고 부처의 사리를 봉안한다면, 그 빛이 아홉 나라의 삿된 기운을 누르고 삼한의 땅을 영원히 지켜 줄 것이다. 내 그대의 거룩한 여정을 호위하리라."

용왕이 보석을 남기고 바닷속으로 사라지자, 거짓말처럼 바람이 잦아들었다. 무섭게 짐승처럼 으르렁대던 파도가 평온을 되찾았다. 구름 사이로 비집고 나온 찬란한 햇살이 갑판을 비추었다. 자장은 갑판 위에 놓인 수마노석들을 보며 비로소 깨달았다. 김유신과 김춘추가 걷는 길이 나라의 몸을 지키는 외호(外護)의 길이라면, 자신이 가야 할 길은 용왕의 가호와 부처님의 법력으로 나라의 혼을 세우는 내호(內護)의 길이라는 것을… 적의 침략보다 무서운 것은 희망을 잃는 것이요, 높은 성벽보다 강한 것은 희망을 잃지 않는 마음이라는 것을 거듭 가슴에 새겼다.

자장은 품 안의 사리함과 용왕이 하사한 수마노석을 다시 한번 꽉 쥐었다. 이제 그의 눈빛에는 김춘추의 결기만큼이나 강인한 종교적 확신이 서려 있었다. 명주 오대산에 부처님의 진신사리를 모시고, 서라벌에 황룡사 구층목탑을 세우고, 태백산 깊은 곳에 이 수마노석으로 탑을 쌓아 결코 흔들리지 않는 마음의 안식처를 주겠노라고 다짐했다. 저 멀리 수평선 너머로 그리운 고국 신라의 해안선이 보이기 시작했다.

울주 태화사

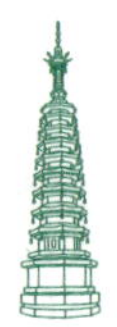

양주(揚州)의 안개를 뚫고 망망대해로 나선 지 열이레째 되는 밤, 선단은 이제 신라의 해역에 깊숙이 접어들고 있었다. 수평선 너머로 희미하게 일렁이는 육지의 그림자가 가까워질수록 고향에 대한 설렘으로 들떠 잠을 이루지 못했다. 그러나 갑판 위에 홀로 선 자장의 마음은 차가운 밤바다보다 더 깊은 고뇌의 수렁으로 가라앉고 있었다.

뒤를 따르던 승실이 자장의 어깨에 두툼한 장삼을 얹어 주며 나직이 물었다.

"큰스님, 이제 며칠만 더 가면 그토록 그리워하시던 울주입니다. 5년 만에 밟는 고국 땅인데 어찌 이리 안색이 어두우십니까?"

자장은 대답 대신 장삼 안쪽, 소중히 품고 있는 사리함을 어루만졌다. 손끝으로 전해지는 사리함의 감촉이 그의 뜨거운 번민을 식혀주는 듯했다.

"승실 스님, 저 멀리 보이는 신라의 산하가 내 눈에는 마치 거대한 화로처럼 보인다네. 내가 가져가는 이 성물들이 신라를 밝히는 등불이 되겠지만, 등불이 빛을 내기 위해서는 기름이 마르고 심지가 타들어 가야 하는 법, 고통 없이 되는 일은 없으니… 고국에 가까워질수록 걱정이 더 커지는구먼."

승실은 자장의 곁에 바짝 다가서며 낮은 목소리로 속삭였다.

"큰스님, 소승은 서른 해 전 동천 자장암에서의 그날을 기억합니다. 진평왕께서 어검(御劍)을 보내 재상의 자리를 강권하셨을 때, 스님께서는 '계율을 지키다 하루를 살지언정 파계하고 백 년을 살지 않겠다'고 하셨지요. 그때의 스님은 세속의 권력은 쳐다보지도 않던 참된 수행자의 표본이셨습니다. 그런데 어찌하여 이번에는 '대국통'이라는 그 무거운 세속의 짐을 짊어지려 하십니까?"

자장은 잠시 눈을 감고 과거의 자신을 떠올렸다.

"그때의 나는 수행을 통해 나만의 깨달음을 구하던 작은 그릇이었네. 왕이 내미는 재상의 자리가 내 수행을 가로막는 장애물이라 여겼기에 목숨을 걸고 거부할 수 있었지. 하지만 승실 스님, 지금은 그때와 다르다네. 백성들은 고구려와 백제의 침탈로 인해 하루도 편할 날 없이 고통받고 있고, 사직은 언제 떨어질지 모를, 태풍 앞에 매달린 시든 열매와 같네. 내가 대국통이라는 자리를 받아들이는 건 권력을 탐해서가 아니라, 신라를 사리와 계율로 굳건하게 만들어 삼국 통일의 초석을 다지기 위함이라네. 실로 고구려, 백제, 신라는 하나의 조상을 가진 한민족인데, 삼국으로 갈라져 전쟁을 일삼고 있으니 삼국 통일이야말로 백성을 위한 일이요, 불국토를 만드는 불사(佛事)이기 때문일세."

자장의 눈에 서글픈 광채가 일렁였다.

"과거에는 나 한 몸 죽어 계율을 지키려 했으나, 이제는 나 한 몸을 태워 신라를 살려야 하네. 서라벌에 돌아가면 나는 성골의 위엄을 지키려는 여왕 폐하와 새로운 시대를 열려는 진골 귀족들의 날 선 갈등의 한복판에 서게 될 걸세. 그들의 칼날은 부조리한 현실을 베려 할 것이고, 나는 그 피비린내 나는 현실 위에 부처님의 정토를 세워야 하니 형언할 수 없는 사건들이 펼쳐질 것이네. 하지만 어쩌겠는가. 이것이 문수보살께서 내게 내리신 수기(授記)이자, 피할 수 없는 내 숙명이라네."

643년 2월, 마침내 선단이 신라의 남쪽 관문이자 최대의 국제 무역항인 울주(蔚州, 울산) 앞바다에 모습을 드러냈다. 울주는 바닷물이 내륙 깊숙이 파고들어 거친 파도를 잠재우는 천혜의 안항(安港)이었다. 울주 항구는 중국의 양주 포구만큼이나 활기차고 이국적인 분위기를 내뿜고 있었다.

부두를 따라 이역만리 외방 상인들을 맞이하는 여각과 주막들이 끝없이 늘어서 있었다. 눈매가 깊고 기골이 장대한 서역(페르시아) 상인부터 체구가 왜소한 왜의 상인, 그리고 탐라와 우산국에서 건너온 이들까지 저마다의 언어로 흥정을 벌이는 통에 항구는 흡사 거대한 시장과 같았다. 아라비아 상인들이 내놓은 눈부신 금은 세공품과 유리 식기, 매혹적인 향료들은 신라 귀족들이 다투어 찾는 최고의 애장품이었다. 이 역동적인 풍요의 한복판에서, 자장은 그리운 고향의 냄새와 함께 전란이 몰고 올 비릿한 죽음의 공기를 동시에 감지했다.

선단이 포구에 닿을 무렵, 정적을 깨고 잔잔하던 바다가 용솟음치더니 배 주변으로 오색찬란한 서기가 서려 들었다. 이윽고 거대한 파도를 가르며 용 한 마리가 허공으로 솟구쳐 올랐다. 선원들은 공포와 경외심에 질려 엎드려 있는데, 오직 자장만이 미동도 없이 합장한 채 용의 형형한 눈동자를 응시했다. 용이 낮은 울림으로 자장에게 말을 건넸다.

"자장 대사여, 참으로 먼 길을 오셨도다. 그대가 품어온 성물은 이 땅의 사악한 기운을 걷어낼 지혜의 불씨이나, 지금 서라벌의 기운은 지나치게 날카롭고 탁하구나. 나는 황룡사의 호법룡이자 태화지 신인의 맏아들이다. 마땅히 이곳에 먼저 머물며 지기(地氣)를 다독이고 가람을 세워 나의 복을 빌어 달라. 그리하면 나 또한 그 은덕을 잊지 않고 신라의 안녕을 돕겠노라."

자장은 용의 수기를 받들어 울주 태화강(太和江) 변에 발을 내디뎠다. 그리고 곧바로 강이 내려다보이는 양지바른 곳에 사찰을 세우니, 그곳이 바로 신라의 첫 번째 적멸보궁인 태화사(太和寺)이다. 자장은 당나라에서 가져온 부처님의 진신사리를 이곳에 봉안했다. 이는 장차 서라벌로 입성하기 전, 국경의 끝에서부터 불국토의 결계를 치기 시작한 자장만의 치밀한 전략이었다.

서라벌 입성 불사를 준비하던 날 저녁, 자장은 승실을 태화강변으로 불렀다.

"승실 스님, 우리가 함께한 세월이 오십 년이 넘었구먼. 스님은 한순간도 나를 떠나지 않고 분골쇄신하여 나를 보좌했네. 이제 스님에게 잠시 이 태화사를 맡겨야겠네."

승실은 무릎을 꿇으며 당황했다.

"스님! 갑자기 무슨 말씀이십니까? 저는 스님을 한시도 떠나지 않겠다고 맹세했습니다. 서라벌행 마차를 당장 준비하겠습니다!"

자장은 승실의 어깨를 다독였다. 그의 눈빛은 어느 때보다 깊은 신뢰를 담고 있었다.

"아닐세. 스님은 이곳 태화사에 남아 불사를 맡아 주게. 이 불사는 오대산의 신인이 내게 맡긴 천기(天機)이자, 황룡사의 호국룡을 보호하는 가장 중요한 토대라네. 서라벌에 들어가면 나는 권력의 풍랑 속에 휘말릴 터인데, 이토록 중대한 성물을 스님 말고 세상 누구에게 믿고 맡기겠는가. 스님이 이 절의 주지가 되어 내가 할 일을 대신해야 하네.”

자장은 승실의 손을 꼭 쥐며 말을 이었다.

“서라벌에서 기다리는 전쟁은 칼과 창으로만 치러지는 것이 아닐세. 사람의 마음과 권력이 뒤엉킨, 그 어디보다 비정한 전쟁터라고 할 수 있네. 과거 진평왕의 어검 앞에서는 내 개인의 해탈을 위해 죽음을 택할 수 있었으나, 지금은 다르네. 이 땅에 불법의 등불을 밝히기 위해 나는 그 아수라장의 가장 깊은 곳으로 들어가야만 하네. 내가 그곳에서 불씨를 지피는 동안, 스님은 여기서 불국토의 근간을 세워 주게.”

자장은 거듭된 설득 끝에 승실을 태화사에 머물게 했다. 이는 단순히 승실을 보호하려는 연민이 아니었다. 가장 신뢰하는 이에게 신라의 배후지를 맡기려는 치밀하고도 전략적인 선택이었다. 이제 자장은 자신의 분신과도 같았던 승실 없이, 홀로 서라벌의 거대한 권력이 내뿜는 화염 속을 향해 발을 내디뎠다.

자장은 다음 날 아침, 선덕여왕이 보낸 마차에 홀로 올랐다. 멀어지는 태화사의 전경과 그곳에 남겨진 승실의 믿음직한 모습을 보며, 자장은 차갑게 식어 가는 가슴을 다잡았다.

‘내 육신이 재가 되어 사라질지라도, 이 땅에 영원히 꺼지지 않는 부처님의 등불을 밝히리라.’

당시 신라는 50년 세월 동안 88회의 전쟁을 치러낸 아비규환의 현장이었다. 백제 의자왕의 서슬 퍼런 기세 앞에 도탄에 빠진 백성들은 전쟁의 공포를 잊기 위해 오직 사후의 구원인 미타신앙에 매달렸다. 자장은 그 지옥 같은 시대의 심장부를 향해 움직였다. 여왕의 국정 자문이자 신라 불교의 정신적 지주라는 막중한 소명, 그리고 스스로를 태워 세상을 밝혀야 하는 운명 때문인가? 서라벌로 향하는 그의 수레바퀴 소리가 유난히 무겁게 땅을 울렸다.

5 장

대국통(大國統)

대국통이 되다

　643년 2월, 당나라에서 돌아온 자장 율사의 행렬이 신라의 남쪽 관문인 관문성(關門城)에 발을 들였다. 낮게 내려앉은 하늘 아래, 차가운 공기는 예전의 평온함 대신 비릿한 혈흔과 치가운 패배의 잔영으로 무겁게 가라앉아 있었다. 불과 얼마 전, 천하의 중심인 장안에서 목격했던 그 찬란한 비단 물결과 번영의 함성과는 너무도 대조적인 풍경이었다. 서라벌의 거리는 전쟁으로 집과 땅을 잃고 떠도는 백성들로 넘쳐났고, 그들의 퀭한 눈동자에는 내일을 기약할 수 없는 깊은 절망만이 서려 있었다.

　전쟁의 공포와 굶주림에 지친 백성들은 거리로 쏟아져 나와 자장의 수레 앞을 가로막았다. "문수보살의 화신이 오셨다.", "이제 우리 신라는 무너지지 않으리라." 통곡하며 흙먼지 날리는 맨바닥에 몸을 던져 절하는 백성들, 자장은 백성들의 뜨거운 환호 소리만큼 더 큰 비애를 느꼈다. 기댈 곳 없는 그들의 희망이 너무나도 처절하고 절박했기에, 백성들의 울음 섞인 기도가 천근만근의 무게로 어깨를 짓누르는 듯했다.

여왕의 명에 따라 월성의 서문인 귀정문(歸正門) 앞에 성대한 자장 율사 귀국 환영 잔치가 열렸다. 금과 옥으로 치장한 연회장은 눈부시게 화려했으나, 자장은 그 찬란함 뒤의 감춰진 정쟁의 독기와 위태로운 왕권의 그림자를 단번에 간파했다. 상석에 앉아 군중을 묵묵히 굽어보던 자장의 시선이 문득 연회장의 끝자락, 가장 낮은 곳에 머물렀다. 그곳은 권력의 중심에서 멀리 떨어진, 하급 관리와 학승들이 모여 앉은 말석이었다.

연회장의 소란스러움 속에서 장식 없는 소박한 가사를 걸친 젊은 스님이 홀로 찻잔을 기울이고 있었다. 자장의 눈에 비친 그는 '6두품'이라는 신분의 굴레 탓에 진골 귀족들의 화려한 담소에는 끼지 못한 채 묵묵히 자리를 지키고 있었으나 그 기품은 독보적이었다. 기름진 음식과 권력에 취한 귀족들의 눈빛은 불안하게 흔들렸으나, 말석에 앉은 그 젊은 스님의 눈동자에는 화경(火鏡)처럼 맑고 깊은 지혜의 빛이 서려 있었다. 자장은 옆에 선 관리에게 나직이 물었다.

"저기 홀로 무애(無碍)의 기운을 내뿜는 저 젊은 수행자는 누구인가?"

관리가 의아해하며 답했다.

"아, 저 학승이요? 6두품 설씨 가문의 아들로, 법명은 원효

(元曉)라고 합니다. 학문은 높으나 틀에 박힌 예법보다는 사물의 본질을 파헤치기 좋아하여 대신들이 다소 껄끄러워하는 자입니다. 재능은 아까우나 신분이 진골이 아닌지라 말석에 있는 것이니, 대사께서는 마음 쓰지 마십시오.”

자장은 천천히 자리에서 일어났다. 연회장의 모든 악공이 연주를 멈추었다. 귀족들이 웅성거렸다. “대국통으로 추대될 고승이 어찌하여 말석으로 가고 있단 말인가.” 자장은 원효 앞에 멈춰 섰다. 그 순간, 자장의 뇌리에는 수십 년 전 황룡사 법회에서 원광 법사와의 만남이 떠올랐다. 그 오만했던 젊은 날이 벼락처럼 스쳐 지나갔다. 당시 원광 법사는 자장에게 “이토록 시린 눈빛은 처음 보는구나.”라고 했었다. 이제 자장은 그때의 원광 법사가 되어, 자신보다 더 시리고 맑은 눈빛을 가진 청년 원효와 마주하고 있었다.

원효는 자장의 압도적인 위엄 앞에서도 미동도 하지 않았다. 자장의 눈길을 의식한 원효는 예의 무심한 눈빛으로 자장을 응시했다.

“그대의 눈에 신라의 미래가 담겨 있구나. 6두품이라는 좁은 틀에 갇히기에는 그대의 지혜가 너무도 크고 자유롭구나. 장차 이 땅의 새벽을 깨울 이는 바로 그대가 될 것이다.”

자장의 파격적인 칭송에 원효는 잠시 침묵하다가 합장하며 말했다. 그의 목소리는 비록 낮았지만, 연회장의 악기 소리보다 더 선명하게 울렸다.

"대사님께서 당나라에서 가져오신 등불이 너무도 밝아, 소승 같은 자는 그저 그 그림자 속에 숨어서 숨을 고를 뿐입니다. 하지만 대사님, 등불이 너무 밝으면 그 아래 드리운 그림자 또한 깊어지는 법이지요. 대사님께서 짊어질 그 고귀한 이름으로 인해 신라의 낮은 곳에서 흐르는 백성들의 피눈물을 보지 못하게 할까 두렵습니다."

자장은 전율했다. 과거 자신이 원광 법사에게 "이곳이 가사를 입은 도적들의 소굴입니까?"라고 힐난했던 그 날카로운 기개가 원효의 입을 통해 다시금 자신을 겨누고 있었기 때문이다. 그는 자장이 앞으로 짊어져야 할 '대국통'이라는 자리가 줄 외로움, 그리고 권력의 그늘이 낳을 부작용을 이미 꿰뚫어 보고 있었다. 자장은 원효가 신라 불교의 새로운 새벽이 될 것임을 확신하며, 짧은 묵례를 남기고 다시 자신의 자리로 향했다.

환영 잔치의 여흥이 가시기도 전인 이튿날, 월성 대전에서는 국난 극복을 위한 긴급 어전회의가 열렸다. 쇠약해진 옥체를 이끌고 보좌에 오른 선덕여왕은 떨리는 목소리로 자장의 대국통 임명을 선포했다.

"짐은 오늘 자장 대사를 신라 불교 전체를 통할하고 승단의 기강을 바로잡을 대국통(大國統)으로 임명하노라. 대사는 이제 왕실의 스승이자 나라의 어른으로서 흩어진 민심을 부처님의 가르침으로 결속하고 사직의 안위를 보살피라."

대신들의 시선이 일제히 자장에게 쏠렸다. 선덕여왕의 하교가 끝나자 자장은 천천히 자리에서 일어나 가사 장삼의 매무새를 가다듬었다. 그의 눈빛은 당나라에서 가져온 부처님의 사리만큼이나 형형하게 빛나고 있었다. 대국통으로서 던질 첫 일갈을 기다리는 숨 막히는 정적 속에서 마침내 자장이 입을 열었다.

"폐하, 그리고 조정의 대신들이여. 지금 신라는 사방이 적들로 둘러싸여 풍전등화의 위기에 처해 있습니다. 고구려와 백제는 물론, 말갈과 왜에 이르기까지 주변의 아홉 나라가 침략을 일삼는 것은 우리의 성벽이 낮거나 군사가 부족해서가 아닙니다."

그는 잠시 말을 멈추고 대신들을 둘러본 뒤, 결연한 목소리로 말을 이었다.

"이 나라가 외적의 침탈을 당하는 것은 바로 백성들의 마음속에 외적을 압도할 만한 '중심 기둥'이 없기 때문입니다. 국운을 하나로 모으고 외적이 감히 침략할 수 없는 부처님의 위엄이 담긴 상징물이 필요합니다. 이에 저는 대국통으로서 첫 번째 소임을 고하나니, 황룡사에 구층의 목탑을 세우소서."

월성 대전이 술렁임으로 가득 찼다. 하지만 자장은 흔들림 없이 단호하게 말을 이었다.

"탑의 한 층, 한 층에 아홉 오랑캐의 항복하는 장면을 담아 하늘 높이 세워야 합니다. 그리하면 아홉 나라가 무릎을 꿇고 조공을 바칠 것이요, 신라는 비로소 흔들리지 않는 천년의 불국토가 될 것입니다. 이것이 곧 부처님의 뜻이자, 신라가 살 수 있는 길입니다.”

이에 김춘추가 한 걸음 앞으로 나섰다. 그의 목소리에는 대야성에서 사랑하는 딸 고타소를 잃은 아비의 원한과 신라를 개혁하려는 현실 정치가로서의 냉혹함이 동시에 서려 있었다.

“폐하! 지금 우리 신라에 필요한 것은 당나라에서 건너온 불경이나 덕 높은 법문이 아닙니다! 대사께서는 이미 울주에 태화사라는 거대한 절을 지으라 명하셨다 들었습니다. 지금 백제군의 칼날에 국경이 불타고 있는데, 이 어려운 시국에 또다시 백성들을 징발하여 무거운 돌과 나무를 나르라 하십니까? 굶주림에 허덕이는 백성들에게 사탑(寺塔) 건립의 부역까지 지우는 것이 과연 부처님의 자비입니까, 아니면 대사의 권위를 세우기 위한 것입니까?”

김유신 또한 김춘추의 곁을 지키며 묵직한 어조로 거들었다.

“김춘추 공의 말이 지극히 옳습니다. 대사께서 가져오신 부처님의 사리가 백제군의 행군을 멈추게 하고 고구려의 기병을 꺾을 수 있다면 저 김유신도 기꺼이 무릎을 꿇겠습니다. 하지만 전쟁은 날카로운 칼과 단단한 창으로 하는 것이지, 백성들의 피눈물로 세운 탑이 하는 게 아닙니다. 대사께서는 승단의 기강이나 잡으십시오. 국방에 관여하시는 것은 명백한 월권입니다.”

자장은 두 영웅의 날 선 비판에도 안온한 미소를 짓고 있었다. 허나 그의 눈빛은 폭풍 속으로 걸어 들어가는 장수의 그것처럼 형형하게 빛났다.

“춘추 공, 김유신 장군. 공들이 걷고자 하는 칼의 길은 당장의 승리는 가져올지 모르나, 상처 입은 백성의 무너진 마음을 하나로 결속하지는 못하오. 태화사와 장차 세워질 황룡사 구층목탑은 단순한 건축물이 아니오. 그것은 아홉 나라의 적들이 우리를 감히 얕보지 못하게 만드는 정신의 결계이자, 신라가 부처님의 수기를 받은 당당한 불국토임을 선포하는 상징물이 될 것이오. 마음이 무너지면 설령 백만 대군을 거느린다 해도 적에게 패한다는 것을 어찌 모르시오!”

대신들의 서슬 퍼런 반대 속에서 여왕은 고립된 섬과 같았다. 그녀는 이미 정치적으로 궁지에 몰려 있었고, 믿을 수 있는 이는 오직 자장뿐이었다. 여왕으로서의 위엄보다는 외롭고 절박한 갈망이 담긴 시선을 자장에게 보내면서 대신들에게 명했다.

“대국통의 말은 곧 짐의 뜻이오. 이제부터 신라의 모든 불사와 정신적 교화는 대국통의 지휘 아래 이루어질 것이니, 장군들과 대신들은 불필요한 논쟁을 멈추고 협조하라.”

단호한 여왕의 목소리엔 미세한 떨림이 깃들어 있었다. 대신들은 묵묵히 고개를 숙였다. 하지만 굽은 등 위로 차가운 적의가 일렁이는 듯했다. 자장은 궁궐을 나오며 멀리 지평선을 보았다. 여왕의 외로운 의지, 춘추의 분노, 유신의 냉철한 현실주의, 그리고 말석에서 빛나던 원효의 파격적인 지혜까지 파노라마처럼 그려졌다.

자장에게 '대국통'이란 이름은 권력이 아니라 차가운 멍에였다. 승실을 사지에 떼어 놓고 서라벌의 화염 속으로 발을 내디뎠던 그날의 맹세가 다시금 심장을 파고들었다. 나라를 밝히기 위해 기꺼이 자신을 녹여 없애야만 할 등불 같은 자신의 숙명. 서라벌의 시린 가을밤 아래, 자장의 비장한 여정은 그렇게 침묵 속에서 타오르기 시작했다.

계율로 세우는 정신의 성벽

　대전회의를 휘감았던 냉기(冷氣)는 좀처럼 가시지 않았으나 자장 율사의 행보는 한 치의 오차도 없이 단호했다. 대국통이라는 지엄한 직위를 부여받은 그는 황룡사탑 건설에 박차를 가하면서 동시에 승단의 기강을 뿌리부터 뒤흔드는 대대적인 개혁에 착수했다. 그것은 단순히 불교계 내부의 부패를 씻어 내는 정화 작업이 아니었다. 전쟁과 가뭄, 끝없는 정쟁으로 인해 찢겨 나간 국가의 질서를 '계율(戒律)'이라는 보이지 않는 철권의 성벽으로 다시 세우려는 장엄하고도 고독한 '정신의 가람을 짓는 대불사'였다.

　자장은 전국의 사문들에게 보름마다 한자리에 모여 계본(戒本)을 낭독하고, 스스로의 허물을 대중 앞에 낱낱이 고백하는 '포살(布薩)'을 명했다. 이는 단순한 참회가 아니라, 흐트러진 사문들의 정신을 하나의 규율 아래 묶는 국가적 의례였다. 또한 그는 전국의 사찰에 사문들의 비행을 단속하고 불법의 엄중함을 점검할 주통(州統)과 군통(郡統) 등의 승관(僧官)들을 파견하여 교단의 질서를 확립했다[慈藏 定律]. 이로써 신라의 사문들은 비로소 바른 계율을 지키게 되었다. 교단의 기강이 세워지고, 스님들과 백성들은 한마음으로 화합하기 시작했다. 서라벌의 골목마다 나직한 독경 소리가 울려 퍼졌고, 사찰은 고요하고도 역동적인 수행처가 되었다.

이렇게 대국통으로서 승단을 정비하고 불사를 추진하던 자장은 분황사(芬皇寺)에서 머물기로 했다. 분황사는 석가모니 부처님 이전의 과거칠불(七佛) 시대에 부처님이 직접 설법하셨다는 '칠가람지(七伽藍地)' 중 하나로, 궁궐의 동북쪽 신성한 땅에 지어졌다. 진평왕 말년부터 선덕여왕을 옹립하기 위해 짓기 시작하여 여왕이 즉위하고 3년이 되던 해인 634년에 창건된 왕실의 원찰이었다. 또한 황룡사 남쪽 담장을 바로 맞대고 있는 신라 불교의 기둥이자 용(龍) 신앙의 성지이기도 했다.

『화엄경』에서 부처님이 설법할 때 하늘에서 내려온다는 '분타리 꽃(백련화)'에서 이름을 딴 분황사는 '부처님의 향기가 가득한 절'이라는 뜻을 지니고 있었다. 여왕의 권위가 만방에 퍼지기를 바라는 염원이 담긴 이곳의 탑 안에는, 여왕을 상징하는 금바늘, 은바늘, 바늘통, 가위와 같은 침선 도구들이 사리와 함께 봉안되어 있었다. 자장은 분황사 모전석탑의 견고한 벽면을 바라보며, 이 땅을 부처님의 가호 아래 두겠다는 여왕의 지극한 서원과 자신의 호국 의지가 다르지 않음을 느꼈다.

자장이 대국통에 임명된 직후 열린 어전회의에서, 귀족회의의 수장인 상대등(上大等) 수품(水品)과 대등들은 자장의 권위가 진골 귀족을 억누를 것을 두려워하며 "전례에 따라 직위 명칭을 '국통'으로 낮추어야 한다."라고 주장했다. 그러나 선덕 여왕은 강한 어조로 회의를 주도했다.

"자장 율사는 출가하지 않았다면 재상의 자리를 맡았을 최고의 명문가 출신이며, 당나라의 선진 문물을 몸소 익혀 온 인재 중의 으뜸이오. 짐은 마땅히 그를 최고의 예우로 대접하여 나라의 스승으로 삼을 것이니, 경들은 대국통을 받들어 모시라."

여왕의 확고한 어지(御旨) 앞에 귀족들은 고개를 숙일 수밖에 없었다. 자장은 분황사에 머물며 당나라에서 가져온 400함의 대장경을 정리하고 대승경론(大乘經論)을 강설하며 신라의 정신을 일깨울 젊은 인재들을 기다렸다.

어느 해질녘, 자장은 분황사 모전석탑 주위를 거닐다 멈춰 섰다. 붉게 타오르는 낙조가 벽돌 탑의 거친 표면을 적시고 있었다. 그 탑 아래 지난번 자신의 환영 잔치 말석에서 강렬한 인상을 남겼던 원효가 홀로 앉아 있었다. 자장은 운명처럼 이끌려 그에게 다가갔다. 원효는 자장의 그림자가 발치에 닿자 천천히 눈을 떴다.

"원효 스님, 여기서 만나다니 정말 반갑소."

자장이 먼저 인사를 건넸다. 원효가 정중히 합장하며 답했다.

"대사님, 분황사의 탑 그림자가 좋아 잠시 머물렀을 뿐입니다. 대국통의 무거운 소임을 수행하시느라 고생이 많으신 것으로 알고 있습니다. 하지만 성벽을 너무 높게 쌓으면 성 밖의 곡소리가 들리지 않는 법입니다."

자장은 탑의 거친 벽돌 질감을 어루만지며 물었다.

"원효 스님, 내가 듣기로는 스님이 날마다 저잣거리에서 술을 마시고 춤을 추고 노래 부르며 만행을 일삼는다고 하던데 사실이오? 출가 사문이 세간의 규범을 어기는 것은 깨진 그릇에 물을 담는 것과 같지 않겠는가."

원효는 엷은 미소를 지으며 답했다.

"대사님, 소승은 술을 마시는 게 아니라 곡차를 들면서 중생들의 쓰디쓴 눈물을 함께 삼키는 것입니다. 외롭고 고단한 이들에게 잠시라도 즐거움을 주려고 춤을 추고 노래를 부르는 것이지요. 왕실이나 고관대작의 집에 드나들며 지옥에 떨어질 자들에게 법문을 해 주는 것보다는, 소승의 범계(犯戒)가 차라리 더 낫지 않겠습니까."

자장은 엄한 눈빛으로 원효를 쏘아보았다. 과거 원광 법사가 자신에게 "네 지혜는 칼날 같으나 그 칼을 휘두르는 손은 분노에 떨고 있구나."라고 꾸짖던 기억이 되살아났다. 자장은 원광이 그랬던 것처럼, 원효의 거친 칼날을 다듬어 주고자 했다.

"스스로 허물을 저지르면서 타인의 파계를 핑계 삼지 마세요. 스스로 계율을 지키면 떳떳한 것이지, 다른 사람과 비교하여 내 죄가 작다 위로하는 것은 장부의 도리가 아니오. 계율을 어겼으면 참회하고 다시는 그 길로 들지 않는 것이 지계(持戒)의 정신입니다. 공부에도 때가 있는 법인데, 그 귀한 재능을 술잔 속에 묻어 두려 합니까? 공부하고 싶어도 이 땅에 경전이 없어 방황한다는 그대의 갈증이 느껴집니다.

원효 스님, 지금 이 시대가 내게 요구하는 사명은 '질서'와 '기틀'입니다. 밖으로는 적들의 칼날이 목을 겨누고 안으로는 민심이 흩어진 상황에서 계율이라는 단단한 성벽을 쌓아 나라를 지켜내야 합니다."

자장은 원효를 데리고 분황사 장경각으로 향했다. 그곳에는 당나라 황제로부터 선물받은 400함의 방대한 대장경이 비치되어 있었다. 수문제가 천축국에서 들여온 범본 경전을 한문으로 번역한 경전을 모아 집대성한 법보장경(法寶藏經)이었다.

"내가 당나라에서 가져온 400함의 대장경입니다. 이제 우리 신라는 앉아서 대륙의 모든 지혜를 탐구할 수 있게 되었지요. 나는 이 경전들의 주인으로 그대를 점찍었어요. 내일부터 이곳 분황사에서 이 경전들을 마음껏 탐독하며 그대의 시대를 준비하세요. 중국의 삼장법사보다 더 실력 있는 선지식이 되어 이 땅의 새벽을 깨워 주시오."

원효는 방대한 경전의 위용 앞에 전율했다. 그는 자장을 향해 처음으로 마음을 다해 고개를 숙였다.

"대사님, 이토록 귀한 보물을 소승에게 허락하시다니요. 기필코 기대에 어긋나지 않도록 정진하겠습니다."

자장은 원효에게 비장한 음성으로 당부했다.

"내 시대가 가고 나면, 반드시 그대의 시대가 올 것입니다. 내가 '계율로써 신라의 기틀'을 마련한다면, 그대는 이 대장경의 바다에서 갈고 닦아 '진리의 신라'를 완성해야 하오. 그대의 지혜가 충분히 무르익어 모든 다툼을 잠재우는 화쟁(和諍)의 꽃을 피울 때까지, 나는 계율을 통해 신라를 지키는 방패가 되겠소. 그러니 부디, 이 경전들을 통해 신라 불교의 새로운 새벽을 열어 주시오."

원효는 자장에게서 조국을 향한 처절한 연민과 자기희생의 빛을 보았다. 원효는 자장을 향해 진심 어린 삼배(三拜)를 올리며 굳게 서원했다.

그날 밤, 분황사에는 백련화의 향기보다 진한 대장경의 묵향이 가득했고, 신라 불교는 자장이 수입한 대장경을 토대로 학문적 발전을 비약할 준비를 마쳤다. 두 고승의 만남은 훗날 신라 불교가 호국(護國)과 민중(民衆)이라는 두 날개로 비상하는 결정적인 계기가 되었다. 자장의 비장한 기틀 위에 원효의 자유로운 지혜가 싹트는 순간이었다.

비록 두 대사가 직접 만났다는 구체적인 당대의 기록은 전하지 않으나, 이들의 인연은 문헌을 통해 증명되고 있다. 자장 율사가 643년, 당에서 귀국하여 대국통이 되었을 때, 원효는 26세의 혈기 왕성한 청년 사문이었다. 약 30세 정도 차이가 나는 두 사람은 같은 공간과 시대를 공유하며 신라 불교의 기틀을 닦았다.

훗날 원효는 자장의 뒤를 이어 왕실의 원찰인 분황사 주지를 맡게 된다. 6두품 출신이었으나 태종 무열왕의 사위가 된 그는 분황사에 머물며 『화엄경소』, 『금광명경소』 등 불후의 저술을 남겼다. 무엇보다 흥미로운 사실은 원효가 선배 고승인 자장의 생애와 업적을 기리며 『자장전』을 직접 편찬했다는 점이다.

원효가 저술한 『자장전』은 고려 시대 일연 선사가 『삼국유사』를 집필할 때까지도 실재했던 책으로, 일연은 자장 율사에 대해 기록하며 여러 차례 이 책을 인용하고 참고했다. 안타깝게도 현재는 책 이름만 전해질 뿐 내용은 소실되었다. 그러나 원효가 자장전을 저술했다는 사실만으로도 자장을 무척 존경하고 자장의 사상을 깊이 연구하고 흠모했음을 미루어 짐작할 수 있다.

원효 대사가 자장 율사의 생애를 기록했다는 사실만으로도, 규범을 세운 자장과 그 규범을 본질로 채운 원효의 연결고리는 완성된다.

통도사 금강계단

    분황사에서 원효에게 신라 불교의 사상적 씨앗을 전한 자장 율사의 발걸음은 남쪽 양산의 영축산으로 향했다. 643년 귀국 직후 황룡사 구층목탑 건립과 울주 태화사 창건을 진두지휘했던 자장은, 이제 신라 불교의 '종가(宗家)'이자 모든 법맥의 근간이 될 거대한 수계 계단을 세우기로 결심했다. 이는 단순한 사찰 건립이 아니었다. 당나라에서 가져온 선진 불교 제도와 율법을 신라 땅에 뿌리 내리게 하여 변방의 민심까지 불법(佛法)으로 결속시키려는, 사실상 불교를 통한 국가 재건 작업이었다.

    자장이 양산으로 떠난 어느 깊은 밤, 서라벌의 은밀한 정자에는 묘한 긴장감이 감돌았다. 마주 앉은 신라의 두 실권자, 김유신과 김춘추는 말없이 눈빛으로 얘기하고 있었다. 그날따라 정자 아래로 흐르는 시냇물 소리가 유독 차고 날카롭게 들

렸다. 특히 김유신의 안색은 납빛처럼 굳어 있었고, 그의 손은
칼자루를 꽉 움켜쥐고 있었다. 멸망한 가야 왕족의 후예인 그
에게, 자장이 가야의 옛 심장부인 양산에 대규모 국찰을 세우
는 것에 본능적인 위기감을 느끼고 있었다. 자장의 행보가 단
순한 전법이 아닌, 권력의 침탈로 느껴졌기 때문이다.

"춘추 공, 대국통의 기세가 예사롭지 않소. 어찌하여 굳이
가야의 숨결이 서린 그 영축산 자락이란 말입니까?"

유신의 목소리엔 분노와 서글픔이 뒤섞여 있었다. 그는 찻
잔을 내려놓으며 정자 밖의 험준한 산세를 응시했다.

"서라벌 주변에도 명산이 차고 넘치거늘, 왜 옛 가야 땅에
왕실의 권위를 상징하는 거대한 계단을 세우려 하는 것인지
모르겠소. 그곳이야말로 가야의 유민들이 서라벌의 눈치를 보
지 않고 마음껏 숨을 쉬던 마지막 해방구란 말이오. 대국통은
지금 그 땅에 서라벌의 깃발을 꽂으려는 것이 아니라, 가야의
영혼에 뽑을 수 없는 대못을 박으려 하는 것이오. 불교라는
이름으로 마지막 남은 자존심마저 삼키려 드는 대국통의 치밀
함이 나는 실로 두렵소."

김춘추는 말없이 찻잔만 바라보고 있었다. 유신은 텅 빈 잔
을 다시 채우며 나직이 읊조렸다.

"춘추공 기억나시죠? 동천 자장암에서 뵈었던 자장 대사는
다친 산새를 품에 안고 눈물을 흘리시던 분이었어요. 만물의
고통을 함께 아파하는 자애로운 분이셨습니다. 하지만 지금의

대국통은 달라졌어요. 그분에겐 이제 국가의 법도와 왕실의 위엄만 있습니다. 자비 보살행을 설하시던 분이 이젠 서슬 퍼런 계율과 혹독한 부역을 진두지휘하고 계시니, 마치 지옥의 악귀를 굴복시키기 위해 성낸 얼굴을 한 부동명왕(不動明王)을 보는 것 같아 두렵습니다. 저분이 휘두르는 계율의 칼날로 가야의 백성들을 베어 신라의 백성으로 강제 환골탈태시키는 것이 아니겠소.”

이를 가만히 듣고 있던 김춘추도 대국통의 행보가 도를 넘었다고 생각했는지 말없이 연거푸 찻잔을 비우고 있었다.

영축산 아래, 낙동강 하구의 풍요로운 물길과 서라벌의 심장을 잇는 요충지에 자리한 거대한 습지는 ‘구룡연(九龍淵)’이라 불렸다. 겉보기엔 신비로운 안개가 감도는 연못이었으나, 실제로는 서라벌의 관리들이 이름만 들어도 몸서리를 치는 불모의 땅이었다. 사시사철 독한 안개인 장기(瘴氣)가 산자락을 휘감아 한번 발을 들이면 원인 모를 학질에 걸려 뼈가 녹아난다는 소문이 파다했다. 사실 그곳은 멸망한 가야의 유랑민이 독기를 품고 살아가는 곳이었다.

이곳을 지배하는 자들은 스스로를 ‘아홉 용’이라 칭하며 군림했다. 멸망한 금관가야의 후예를 자처하는 이들은 신라 중앙정부의 법도 대신 가문의 규율과 인맥으로 엮여, 물길과 비옥한 토지를 독점해 온 완강한 토착 호족들이었다. 조정에서 파견된 관리들이 조세를 징수하려 들면, 그들은 늪의 험준한 지형과 자욱한 독기를 방패 삼아 자취를 감추거나 무력으로 위협하며 조정의 권위를 비웃었다. 그들에게 영축산의 습지는 중앙정부의 통치력을 거부하는 토착 호족의 거점이자 난공불락의 자연 성벽이었다.

자장은 마침내 구룡연 초입에 섰다.

그의 곁에는 그림자같이 따르던 시자 승실 대신, 상족제자 원승(圓勝) 스님과 여왕의 특명을 받은 서라벌의 정예병이 자리했다. 수백 명 병사의 육중한 갑주 소리가 정적을 깨웠다. 도열한 군사들의 기세는 습지의 안개를 밀어낼 만큼 위압적이었다. 자장이 쥔 주장자는 더 이상 자비로운 수행자의 지팡이가 아니었다. 그것은 선덕여왕의 절대적인 신뢰와 당나라 황제가 공인한 불법(佛法)의 정통성을 상징하는, 그 누구도 거역할 수 없는 시엄한 관권(官權)의 승표였다.

"스승님, 이곳의 느낌이 예사롭지 않습니다. 가야 사람들은 자존심이 무척 강한 자들이라고 들었습니다. 서라벌의 대신들도 두려워서 이 근방을 지날 때는 말머리를 돌린다고 합니다. 저 안개 속에 숨은 아홉 토착 호족의 무장 세력은 결코 만만한 자들이 아닙니다."

원승이 걱정스러운 말투로 자장에게 말했다. 자장은 흐린 미소를 지을 뿐이었다. 자장은 알고 있었다. 신라가 진정한 불국토로 거듭나기 위해서는 변방 지역의 이런 사사로운 '구멍'부터 메워야 한다는 것을. 중앙의 법도가 미치지 않는 곳에 부처의 자비가 설 자리는 없으며, 통일된 제국의 기틀은 마음속 깊이 저항하는 힘을 다스리는 데서 시작된다는 사실을 말이다.

"대국통께서 여기까지 어쩐 일이시오? 서라벌의 법당들이 비좁아서 이제는 이 악취 나는 늪지까지 탐을 내는 것이오?"

짙은 안개를 뚫고 무장을 갖춘 이들이 나타났다. 장정 백여 명을 거느리고 온 이들은 아홉 명의 토착 호족들이었다. 그들은 가야 고유의 문양을 새긴 철갑 가슴 가리개를 차고 오만한 눈빛으로 자장을 내려다보았다. 자장은 주장자를 진흙 바닥에 깊게 꽂으며 일갈했다. 둔탁한 소리가 습한 대기를 찢고 사방으로 퍼져 나갔다.

"이곳의 물이 썩은 것은 흐르지 않고 고여 있기 때문이나, 이 땅의 법도가 무너진 것은 그대들이 왕실의 명을 거스르며 사사로운 탐욕을 채운 탓이다. 스스로 용이라 칭하며 어둠 속에 숨어 백성의 고혈을 짜내고 조정의 명을 비웃는 한, 우리 신라가 꿈꾸는 삼한일통의 대업은 한낱 꿈에 불과할 터, 나는 오늘 이 부정한 연못을 메우고 그 위에 부처님의 진신사리를 모실 금강계단을 세울 것이다."

호족들은 자장의 호통에도 코웃음을 치며 칼자루에 손을 올렸다. 한편 자장의 뒤에 포진한 신라 정예병들의 일사불란한 기세와 자장의 압도적인 위엄에 눌려 마른침을 삼켰다. 자장은 곁에 선 원승을 가리키며 단호하게 덧붙였다.

"이 스님은 나의 제자 원승이오. 일찍이 당나라에 유학하여 종남산 도선 율사로부터『계단도경』을 직접 배워왔소.『계단도경』은 불교 수계의식을 거행하는 단상을 여법하게 설치하는 이론과 과정을 그림으로 상세히 제시한 책이며, 당나라에서 계율의 교과서와 같은 권위를 지닌 경전이오. 이제 원승 스님을 도감(都監)으로 임명하여 이 땅에 신라 불교의 근간이 될 금강계단을 세울 것이니, 그대들은 부처님의 제자가 되어 이 성지를 지키는 파수꾼이 되겠소, 아니면 서라벌의 반역자가 되어 대역죄를 짓고 멸문의 화를 당하겠소?"

자장은 그 자리에 가부좌를 틀고 앉아 나지막이 염불하기 시작했다. 호족들에게 생각할 시간을 주는 고도이 신리전이자, 자신의 목숨을 담보로 이 땅을 왕실의 관할로 접수하겠다는 뜻을 표현한 것이었다. 밤낮으로 독기 어린 장기가 엄습했고 학질의 기운이 살을 파고들었으나 자장은 사흘간 미동도 하지 않고 용맹정진했다. 결국, 토착 호족들 사이에서 미묘한 균열이 일어나기 시작했다. 대국통의 압도적인 권위와 서라벌에서 파병한 정예군, 그리고 새로운 시대의 지배 이념인 불교라는 거대한 흐름 앞에 그들의 '가야의 후예'라는 명분은 힘없이 흔들리고 있었다.

사흘째 되던 날, 자장은 마침내 결단을 내렸다. 그는 관권을 이용해 노역자 수백 명을 소집했다. 그리고 습지를 메우는 대규모 토목공사를 명령했다. 아홉 명의 토착 호족들은 자신들의 요새이자 은신처였던 구룡연이 수백 명의 인부와 병사들에 의해 문자 그대로 파헤쳐지고 돌로 채워지는 광경을 지켜보아야 했다. 서라벌의 '돌'들이 가야의 '물'을 퍼내는 순간이었다.

"이 땅은 이제 욕망을 암암리에 숨기던 어두운 구덩이가 아니다. 중앙의 지엄한 법도와 부처님의 청정한 계율을 비추는 거울이 될 것이다."

자장의 서슬퍼런 추진력 앞에 아홉 호족 중 여덟은 자신들의 세력이 뿌리째 뽑혔음을 직시하고 무릎을 꿇었다. 자장은 그들을 처단하는 대신 사찰의 광활한 전답을 관리하게 하거나, 하급 승관(僧官) 혹은 지방 관직을 줌으로써, 중앙 집권 체제의 말단 행정력으로 흡수했다. 이는 적을 섬멸하여 원한을 남기는 대신 체제로 편입하여 신라의 새로운 질서를 견인하게 하는 고도의 통치술이었다.

오직 한 명, '가야의 영광'이라는 허상에 끝까지 집착하던 늙은 우두머리만이 자리를 지키다 마침내 자장의 위엄 앞에 오열했다.

"대사… 이 땅은 우리 조상들이 피로 지켜 온 가야의 마지막 숨구멍입니다. 어찌 이리 매정하게 왕실의 깃발로 덮으려 하십니까."

자장은 흙탕물이 튄 노인의 어깨를 가만히 짚었다.

"빼앗는 것이 아니라 돌려주는 것이오. 이제 이 땅은 한 가문의 사사로운 영지가 아니라, 신라 모든 백성이 삼한의 안녕을 비는 호국 성지가 될 것이오. 그대의 아집을 버려야만 그대 또한 진정으로 이 땅에 뿌리를 내릴 수 있소."

그 후, 지독했던 습지는 완전히 메워졌다. 서라벌에서 가져온 단단한 석재들이 그 자리를 층층이 채웠고, 그 중심에 당나라에서 가져온 부처님의 사리를 모신 금강계단이 위엄 있게 우뚝 섰다.

자장은 낙동강 너머로 저무는 핏빛 노을을 바라보았다.

이제 이곳은 통도(通度). 가야의 옛 잔재와 아집을 씻어내고 신라의 법도와 부처님의 지혜가 비로소 막힘없이 통하게 된 길목이었다. 자장의 발밑에 묻힌 진흙은 여전히 축축했으나, 그 위에 세워진 금강계단은 그 어느 때보다 견고하고 위엄 있게 빛나며 새로운 시대의 도래를 선포하고 있었다.

세월은 이 냉혹했던 권력의 기록 위에 신비로운 설화의 옷을 입혔다. 훗날 사람들은 이 처절한 정복의 역사를 '구룡지(九龍池)'라는 아름다운 전설로 기억하게 된다. 영축산 북쪽 산자락에 아홉 마리의 용이 살던 연못이 있었는데, 자장 율사가 법당을 짓기 위해 이를 메우려 하자 여덟 마리의 용은 항복하여 하늘로 날아갔다. 그런데 눈먼 용 한 마리가 남아서 자비를 베풀어 살 곳을 남겨 주면 죽을 때까지 이 절을 지키는 호법용(護法龍)이 되겠다고 청했다. 자장 율사는 용의 서원을 흔쾌히 받아들여 네 평 남짓한 작은 못을 남겨 주었다. 그것이 오늘날까지 대웅전 옆에서 가뭄에도 마르지 않고 솟아나는 구룡지다. 이 설화는 가야계 주민들의 전통적인 용왕 신앙을 불교의 자비로 끌어안은 자장 율사의 융합적 불교관을 상징한다.

이로써 신라 불교는 초기 재래 무속 신앙과 산악숭배의 단계에서 벗어나, 불교의 정법을 신앙하는 '삼보(三寶)의 귀의처'로서의 기틀을 완전히 갖추게 되었다. 통도사 발밑에 묻힌 진흙은 가야의 비애를 품고 있었으나, 그 위에 세워진 금강계단은 이제 신라와 가야, 그리고 온 삼한의 백성을 하나로 잇는 거대한 정신의 초석이 되었다.

황룡사 구층목탑

　서라벌의 밤이 깊어졌다. 원녕사(元寧寺)의 정적 또한 더욱 고즈넉했다. 대국통 자장은 툇마루에 앉아 어둠을 마주하고 있었다. 한때 이곳은 출가하기 전 '김선종'이라 불리며 세속의 영광을 꿈꾸던 공간이었다. 그러나 이제는 기둥마다 묻어 있는 옛 기억조차 무상한 바람처럼 스쳐 지나갈 뿐이었다. 신라 최고의 진골 귀족으로서 누릴 수 있었던 모든 권력을 내려놓고 사문(沙門)이 되었는데, 지금 그가 짊어진 짐은 서라벌의 어떤 고관대작보다도 무거웠다.

　정적을 깨고 김춘추가 다가왔다. 그의 발소리는 급했고, 등불에 비친 그의 얼굴엔 숨기지 못한 의구심과 초조함이 서려 있었다. 춘추는 한참을 망설이다 날 선 목소리로 입을 열었다.

　"큰스님, 태화사와 통도사, 황룡사탑 건설에 백성들이 차출되어 밤낮으로 고된 노역을 하니 서라벌의 민심이 흉흉합니다. 더욱이 적국인 백제의 장인 아비지(阿非知)를 불러와서 더 원성이 높습니다. 백제군의 칼날에 목숨을 빼앗긴 우리 백성들의 원한이 서라벌 하늘을 덮고 있습니다. 조정의 대신들조차 저자가 첩자가 아닐지, 혹은 탑을 부실하게 지어 우리 국운을 꺾으려는 것은 아닐지 의심하며 상소를 올리고 있습니다. 어찌하여 적국의 장인에게 우리 신라의 국운이 걸린 불사를 맡기시는 것입니까?"

자장은 먼 산등성이에 걸린 달을 가만히 응시하며 나직이 답했다.

"춘추 공, 공의 눈에 아비지가 첩자로 보인다면 그것 또한 공이 짊어진 세상의 이치이겠지요. 공은 신라의 수장으로서 나라를 지키기 위해 의심해야 하는 눈을 가졌으나, 나는 부처님의 제자로서 이 땅 전체의 고통을 치유해야 하는 눈을 가졌을 뿐이오. 오해는 억지로 푸는 것이 아니라, 진실이 드러날 때까지 시간의 흐름에 맡기는 것입니다. 내가 아비지를 부른 데 대한 비난과 의심조차 내가 이 탑을 세우며 감내해야 할 내 업보일 뿐이오."

자장의 목소리는 낮고 평온했으나 거대한 산과 같은 무게감이 실려 있었다. 춘추는 자장에게서 기묘한 고독을 느꼈다. 자장은 신라를 이끄는 정신적 등불이었으나, 정작 그 자신은 외로이 그 길을 홀로 걸어야 했다. 국경이라는 경계를 넘어 '삼한 일통'이라는 대업을 예비하는 선구자의 길은 그렇게 험난했다.

아비지 명장은 자장의 깊은 신뢰 아래 200명의 장인을 톱질팀, 대패질팀, 석조팀, 대장간팀 등으로 세분화하여 일사불란하게 지휘했다. 김용춘이 진골 귀족들을 설득해 공수해 온 거대한 소나무 목재들이 황룡사 뜰에 산처럼 쌓였다. 각 부재를 정교한 요철(凹凸)로 파서 일시에 짜맞추는 백제의 고등 건축 기술이 신라의 자본과 만나 거대한 시너지를 일으키고 있었다. 자장은 탑의 미학적 완성을 위해 석장사의 양지 스님에게 정교한 부조를, 솔거 스님에게는 금당 벽에 금방이라도 새들이 날아들 것 같은 노송도(老松圖) 벽화를 부탁하며 공사의 격을 높였다.

그러나 644년 겨울, 탑의 명운을 결정할 중심 기둥, 즉 심주(心柱)를 세우던 날 시련이 닥쳤다. 그날 밤, 아비지는 비명과 함께 잠에서 깨어났다. 온몸은 식은땀으로 젖어 있었고 손끝은 경련하듯 떨렸다. 숙소 밖으로 뛰쳐나와 아직 세워지지 못한 거대한 심주를 바라보는 그의 눈에는 깊은 절망이 서려 있었다. 그때, 어둠 속에서 자장 율사가 고요히 걸어 나왔다.

"아비지, 밤공기가 찬데, 어찌 이리 넋을 잃고 서 있느냐?"

아비지는 자장의 목소리에 소스라치게 놀라며 무릎을 꿇었다. 그의 어깨는 심하게 들썩였다.

"큰스님, 보았습니다. 제가 방금 꿈속에서 보았습니다. 사비성이 불타오르고, 제가 조성한 이 탑의 거대한 그림자가 백제의 궁궐을 넘어가는 환상을 보았습니다. 이 탑이 한 층씩 올라갈 때마다 제 조국의 숨통이 조여지는 느낌이 듭니다. 제가 정(釘)을 칠 때마다 백제의 백성들이 피를 흘리는 것만 같아 더는 도구를 잡을 수가 없습니다. 저 심주를 세우는 순간, 제 조국 사비의 성문이 무너질 것만 같아 두렵고 괴롭습니다.”

자장은 아비지의 어깨를 가만히 짚었다.

“그것이 그대를 괴롭히는 그림자였구먼. 아비지여, 그대는 지금 신라만을 위한 탑을 쌓고 있다고 생각하는가?”

“그렇지 않습니까? 아홉 층이 아홉 나라를 굴복시킨다고 하셨으니, 그 아홉 나라 중에는 제 조국 백제도 들어 있지 않습니까! 저는 지금 제 조국을 멸망시키기 위한 제단을 제 손으로 쌓고 있는 꼴입니다.”

자장은 낮지만, 단호한 어조로, 마치 아비지의 가슴 속에 정을 치듯 한마디 한마디를 새겨 넣었다.

“아니네. 이 탑은 어느 한 나라만의 영광을 위한 것이 아니야. 삼한의 땅은 본래 하나였으나 인간의 욕망이 선을 긋고 서로 싸우게 한 것일세. 이 탑은 갈라진 땅의 상처를 꿰매는 거대한 바늘이네. 아비지, 그대가 완성할 이 탑은 백제를 죽이는 게 아니라, 장차 이 땅의 모든 중생이 전란의 공포 없이 대대손손 평화롭게 살 수 있게 할 것일세.”

아비지는 흐느끼며 고개를 저었다.

“그래도 제 손은 이미 조국을 배반한 손입니다. 어찌 부처님의 자비가 반역자의 손을 빌려 임하겠습니까?”

"반역이라니. 그대의 정질 한 번에 삼한의 미움이 깎여 나가고, 대패질 한 번에 묵은 원한이 씻겨 나간다고 생각하게. 이 탑이 완공되는 날, 백제와 신라의 구분은 사라지고 오직 부처님의 자비 광명만이 남을 것이네. 그대의 조국을 사랑한다면, 그 조국이 더는 동족의 전쟁터가 되지 않게 하게. 동족 간의 원한과 미움을 영원히 끊는 것, 그것이 그대가 할 수 있는 진정한 애국이 아니겠는가. 기둥을 세우게. 그 기둥이 백제를 누르는 것이 아니라, 무너져 가는 이 땅의 평화를 떠받칠 것이네."

자장의 서릿발 같은 위엄과 따뜻한 자비심이 섞인 말씀에 아비지는 말을 잃었다. 자장은 밤새도록 아비지의 곁을 지키며 그와 함께 차가운 밤이슬을 맞았다. 신비로운 기적은 없었으나, 한 고승의 진심 어린 이해와 고뇌를 함께 나누는 무언의 교감이 아비지의 얼어붙은 미음을 서서히 녹였다.

다음 날 해가 뜰 무렵, 아비지는 다시 정을 잡았다. 그의 눈빛은 어제와 달리 차분하고 깊어져 있었다. 그는 승실과 함께 수백 명의 인부를 독려하며 거대한 심주를 세웠다. 아비지는 이제 백제인이 아닌 한 명의 구도자로서, 이 탑이 삼한 전체의 평화를 지탱하는 기둥이 되기를 빌며 나무를 깎았다.

공사가 시작된 지 2년 만인 645년 3월, 마침내 황룡사 구층목탑이 위용을 드러냈다. 따스한 봄바람이 부는 날, 선덕여왕을 비롯하여 김용춘, 김춘추, 김유신, 수품, 비담, 알천 등 신라의 모든 실권자와 육부의 부족장들이 황룡사에 모였다. 거리마다 휘황찬란한 금색과 청색 기와가 햇빛을 받아 눈부시게 빛났다.

대국통 자장 율사가 주관하는 봉안 법회가 거행되었다. 80m(183척)에 달하는 탑은 동방에서 가장 높은 건축물로 우뚝 섰다. 꼭대기의 금빛 찰주와 보주에서 나오는 빛은 서라벌 전역을 대낮처럼 밝게 비추었다. 백성들은 장엄한 황룡사 구층탑의 모습을 보고 입을 다물지 못했다. 자장이 사리함을 받들고 사부대중을 향해 설법했다.

"신라 역사 이래 가장 위대한 위업이 섰습니다. 여왕 폐하를 중심으로 하나 된 신라는 이제 삼한일통을 이루고 이 땅에 불국토를 건설할 것입니다! 이 탑은 우리를 노리는 아홉 나라를 힘으로 제압하려는 것이 아니라, 부처님의 지혜와 자비심으로 그들을 감싸안으려는 것입니다."

여왕은 환희심에 가득 차 눈물을 흘렸다. '여자 임금'이라는 이유로 끊임없이 흔들렸던 왕권은 구층탑 조성 덕분에 굳건해졌다. 신라인들은 발을 구르며 환호했다. 훗날 일연 스님은 『삼국유사』 권3 「황룡사구층탑」 조 말미에 이 광경을 기려 직접 지은 칠언절구의 '찬황룡사불탑' 시를 실었다.

"하늘의 천신과 땅의 귀신이 서라벌 장안을 보우하고 보살피니

거리마다 휘황찬란한 금색과 청색 기왓장이 눈부시네.
구층탑에 올라가 굽어보니 아홉 나라 오랑캐들이 복종하여
천하가 태평하니 불탑의 영험한 공덕을 비로소 깨달았네.”

이 탑의 영험함은 872년 경문왕 때 탑을 중수하며 심초석
아래 봉안한 「황룡사금동찰주본기」에 고스란히 기록되어 있
다. 박거물이 짓고 요극일이 쓴 이 명문에는 자장 율사가 당나
라에서 진신사리를 모셔 와 탑을 세운 공덕이 900여 자의 명
문과 함께 칠언절구의 한시로 새겨져 후세에 전해졌다.

“자장이 원력으로 황룡사 구층 불탑을 건립하니 그 공덕이
높고
탑의 기둥 우뚝 서서 해동국을 굳게 지키네.
아홉 층층이 부처의 영험이 밝게 드러나고
지극한 마음으로 올리는 향화(香火) 만세토록 피어나네.

慈藏權建功德成(자장권건공덕성)
刹柱屹然鎭海城(찰주흘연진해성)
九級層層昭法力(구급층층소법력)
萬年香火護眞情(만년향화호진정)”

「황룡사금동찰주본기」에 실린 자장 율사의 찬시는 단순한

고승 개인의 찬양 시가 아닌, 국가적인 기원 시로서 문학적 깊이를 지닌다. 황룡사불탑의 주인공이 건립된 지 200년이 지난 존왕(尊王) 시대에 선덕여왕이 아닌 자장 율사를 부각하여 찬양한 점은 그 의미가 심오하다 하겠다.

6장

신라의 불국정토 건설

하늘에 닿은 마지막 보루, 봉정암

오대산 중대(中臺), 비로자나불의 진리가 소용돌이친다는 그 연꽃의 심장부에 고요가 내려앉았다. 자장 율사는 갓 봉안을 마친 적멸보궁의 바위 앞에서 천천히 몸을 일으켰다. 무릎이 삐걱거리는 소리가 정적을 깼다. 당나라에서 가져온 부처의 정골사리가 이 땅의 혈맥 속으로 스며든 순간, 자장은 자신의 해묵은 기억들도 비로소 제자리를 찾은 듯한 평온함을 느꼈다.

어머니 유모 부인의 향기로운 뒷모습부터, 아내의 차가운 해골을 안고 보냈던 동천 자장암의 밤, 당 태종 이세민과의 불꽃 튀는 문답, 그리고 황룡사 구층목탑을 세우며 견뎌야 했던 비정한 침묵들…. 방금 지나온 듯 생생한 그 회상의 편린들이 오대산의 짙은 안개 속으로 흩어졌다. 5년의 당나라 유학 생활이 꿈결 같았다면, 귀국 후 대국통으로서 보낸 세월은 불길 속에 던져진 장작과도 같았다. 자장은 이제 그 화려한 장작의 소임을 다하고, 재가 되어 산하에 흩어질 준비를 하고 있었다.

"이로써 또 하나의 귀한 매듭을 지었구나."

자장이 낮게 읊조렸다. 울주 태화강 변에서 호국룡의 수기를 받으며 세웠던 태화사, 그리고 가야의 옛 땅에 정신의 쐐기를 박듯 건립한 통도사 금강계단까지…. 이미 신라의 남쪽 국경과 요충지에는 부처님의 가호가 깃들어 있었다. 이제 백두대간의 척추를 타고 흐르는 이 보궁 순례는 그가 일궈 온 불국토의 대업을 완성하는 마지막 화룡점정이자, 하늘과 땅을 잇는 장엄한 의식이었다. 사리함은 작았으나, 그 안에는 신라의 무너진 자존심을 일으켜 세울 우주의 무게가 담겨 있었다.

곁에서 숨을 죽이고 있던 승실이 조심스레 바랑을 고쳐 멨다. 승실의 눈에는 스승의 뒷모습이 이전보다 한층 작아진 듯하면서도, 동시에 오대산 전체를 짊어진 듯 거대해 보였다. 자장의 등은 굽었으나 그 걸음걸이에는 미동도 없는 기개와 목적지가 뚜렷한 확신이 서려 있었다.

"큰스님, 오대산의 기운이 이토록 포근하니 며칠 더 머무르며 기력을 보충하시는 게 어떠신지요. 서라벌에서 여기까지 오시느라 법체가 많이 상하신 듯합니다. 명주 관부에서 보내온 약재도 아직 다 쓰지 않으셨잖습니까."

자장은 빙그레 미소 지으며 북쪽을 바라보았다. 그곳에는 오대산의 부드러운 능선과는 결이 다른, 날카롭고 서슬 퍼런 기운이 하늘을 찌르고 있었다. 눈 덮인 봉우리들은 마치 은빛 투구를 쓴 거대한 장수들이 도열해 있는 듯했다.

"승실 스님, 오대산이 어머니의 품처럼 넉넉한 흙산이라면, 저 북쪽의 설악(雪嶽)은 아버지의 엄격한 꾸짖음과 같은 바위산이라네. 문수보살께서 내게 일러주신 다섯 보궁 중 이제 또 하나의 산을 넘었을 뿐인데 어찌 멈추겠는가. 사리가 든 이 바랑이 내 어깨를 누르는 것이 아니라, 나를 살게 하는 심장 박동임을 스님이 모르지 않을 텐데. 내가 멈추면 신라의 기운도 멈춘다는 생각으로 걷고 있느니."

자장의 발걸음은 지체 없었다. 명주(溟州)의 해안선을 따라 북상하는 길은 험난했다. 특히 설악으로 향할수록 산세는 기괴해졌고, 공기는 날카로워졌다. 이곳은 신라의 행정력이 온전히 미치지 못하는, 고구려와의 경계가 안개처럼 모호한 변방 중의 변방이었다. 숲 사이로는 고구려의 세작들이 짐승처럼 숨어들었고, 골짜기마다 전쟁에서 패한 자들이 내뱉는 원망의 숨결이 가득했다.

바위틈에서 불어오는 바람은 날카로운 칼날처럼 장삼 자락을 헤집었다. 가파른 암벽 앞에 멈춰 선 승실이 불안한 눈빛으로 주위를 살피며 입을 열었다.

"큰스님, 소승의 좁은 소견으로는 도저히 이해가 가질 않습니다. 이곳은 우리 신라의 땅이라 하기에는 민망할 정도로 고구려의 기세가 서린 곳 아닙니까.”

자장은 대답 없이 묵묵히 지팡이를 옮겼다. 승실이 바짝 따라붙으며 말을 이었다.

“한 치 앞을 알 수 없는 접경지에 어찌하여 부처님의 고귀한 진신사리를 봉안하려 하십니까? 혹여 전란이 터져 고구려 군사들이 이 산을 점령하기라도 하면, 이 성물들은 어찌 되겠습니까.”

“그래서?”

“차라리 서라벌 근처나 명주의 안락한 곳에 모시는 것이 더 낫지 않겠습니까. 이곳은 너무나 위태롭습니다.”

자장은 걸음을 멈추고 깎아지른 절벽 너머 북쪽 하늘을 응시했다. 그러고는 천천히 고개를 돌려 승실을 뚫어지게 바라보았다.

“승실 스님, 백제의 장인 아비지를 기억하는가?”

“알다마다요. 황룡사 구층탑을 조성하느라 아비지가 고생이 많았지요.”

“그는 백제 사람임에도 불구하고 신라의 땅에 자기 혼을 심고 있네. 제 조국을 무너뜨릴지도 모를 탑을 세우면서도, 그는 이미 국경을 넘어 내 마음과 닿아 있더란 말이라네.”

자장은 지팡이로 승실의 어깨를 툭 쳤다.

“그런데 스님은 어찌 된 게 반평생 내 가사 자락을 붙들고 산전수전 다 겪고도, 여전히 내 속을 이리도 모르는가? 아비지도 아는 내 마음을, 평생 나를 시봉한 스님이 헤아리지 못하니… 쯧쯧!"

승실은 당황한 듯 바랑 끈을 만지작거리며 대꾸했다.

"아이고, 큰스님. 소승은 그저 큰스님이 힘드실까 봐 노심초사하는 것뿐입니다. 아비지야 탑만 올리면 본인 소임을 다하는 것이지만, 저는 스님께서 이 추운 국경에서 고생하시는 게 더 걱정이라서 그렇습니다. 서운합니다. 소승의 충심을 어찌 아비지와 비교하십니까."

자장은 껄껄 웃으며 다시 북쪽 하늘을 보면서 말했다.

"내가 세우고자 하는 불국토는 단순히 김씨 왕실의 안위를 지키는 성벽이 아니네. 이 산맥을 보게. 산이 어찌 신라의 것과 고구려의 것을 가르던가. 바람이 어찌 경계선 앞에서 멈추던가."

자장은 지팡이로 땅을 짚으며 엄중히 말을 이었다.

"이곳에 사리를 모시는 것은 단순히 신라를 지키기 위함이 아니네. 장차 이 땅의 모든 중생이 하나로 어우러질 '화합의 토대'를 미리 닦는 일일세. 지금은 칼을 맞대고 싸우는 고구려의 백성도, 백제의 유민도 결국은 부처님의 품 안에서 깃들어야 할 이 땅의 형제라네."

"형제라 하셔도 당장 칼을 들고 올 텐데요…."

"내가 이곳 설악의 정점에 빛을 심는 것은, 인간이 그어 놓은 덧없는 선들이 지워지고 이 땅 전체가 부처의 수기를 받은 성지가 되길 바라기 때문이네. 설령 고구려 군사가 이곳에 발을 들인다 한들, 부처의 사리 앞에서 그들이 어찌 고개를 숙이지 않겠는가. 그것이야말로 진정한 호국이요, 중생 구제라네. 스님도 이제 그만 아상을 버리고 이 산의 기운을 보게나.”

승실은 자장의 거대한 원력 앞에 할 말을 잃었다. 자신은 당장의 안전과 소유를 걱정했으나, 스승은 이미 수백 년 뒤의 평화와 온 산하의 해탈을 보고 있었다.

해발 1,200m가 넘는 고지, 구름조차 숨을 헐떡이며 쉬어간다는 그곳에 도달했을 때 기적이 일어났다. 사방이 깎아지른 절벽인데, 오직 한 곳만이 연꽃잎이 알을 품은 듯 아늑한 분지를 이루고 있었다. 그 한복판에 우뚝 솟은 거대한 바위가 마치 봉황의 머리를 닮아 있었다. 그 바위의 형상은 마치 우주의 모든 기운이 이곳 한 점으로 응축되어 맺힌 듯 기묘하고도 장엄했다.

“봉정(鳳頂)…. 봉황의 정수리로구나. 문수대성께서 점지하신 자리가 틀림없다.”

자장은 그 바위 아래 조심스레 무릎을 꿇었다. 바랑에서 꺼낸 사리함이 석양을 받아 투명한 빛을 내뿜었다. 자장은 당나라 오대산에서 사리를 건네주던 노승의 목소리를 다시 떠올렸다. ‘이 사리가 닿는 곳마다 마음의 성벽이 세워지리라.’ 그 성벽은 돌로 쌓은 것이 아니요, 인간의 지혜와 믿음으로 엮은 보이지 않는 결계였다.

　사리 봉안 의식은 검소했다. 화려한 금당도, 구름처럼 몰려든 신도도 없었다. 오직 설악의 찬 바람과 바위 사이로 흐르는 물소리가 만다라의 찬불가가 되어 울려 퍼졌다. 자장은 정성스레 바위틈에 사리를 안치하고 흙을 덮었다. 그는 자신의 손끝에 전해지는 흙의 서늘함을 느끼며, 이것이 곧 자신의 육신이 돌아갈 자리임을 직감했다. 자장이 사리함을 묻고 마지막 흙을 다독이는 순간, 회색빛 바위 전체가 은은한 금빛으로 일렁이는 듯한 환각이 숲을 채웠다. 숲의 짐승들도 숨을 죽였고, 흘러가던 구름도 봉우리 위에 멈춰 서서 이 장엄한 찰나를 지켜보았다.

　"이제 이곳은 봉정암(鳳頂庵)이다. 하늘에 닿은 마지막 보루이자, 신라의 영혼을 지키는 가장 높은 등불이 될 것이다. 서라벌의 황룡사가 나라의 위세를 떨치는 몸이라면, 이곳 봉정암은 나라의 명줄을 이어 가는 숨구멍이 될 것이니라."

　밤이 깊자 설악의 별들이 쏟아질 듯 내려앉았다. 자장은 차가운 바위 위에 가부좌를 틀었다. 오대산에서 느꼈던 안온함과는 다른, 뼛속까지 시린 청량함이 정신을 맑게 깨웠다. 서라벌 왕궁의 권력 다툼도, 백제와 고구려의 칼 소리도 이곳에서는 한낱 꿈결 같았다. 자장은 눈을 감고 백제와 고구려, 그리고 신라가 하나로 어우러지는 불국토의 미래를 그렸다. 그 길은 피를 흘리는 정복의 길이 아니라, 부처의 법 아래 모두가 평등해지는 화합의 길이었다.

"스님, 정말 여기서 밤을 지새우실 겁니까? 이 높은 곳엔 무서운 호랑이가 산다고 합니다. 제발 암자라도 제대로 지어질 때까지는 아래로 내려가시지요."

불안해하는 승실의 곁에서 자장은 나직이 독경을 시작했다. 그의 목소리는 설악의 깊은 골짜기로 스며들어 거친 파도처럼 요동치던 국경의 긴장을 잠재웠다. 자장은 독경 속에서 깨달았다. 자신이 쌓아 올린 모든 업적은 결국 이 거대한 산맥의 돌멩이 하나보다 가벼운 것이었음을. 그러나 그 돌멩이 하나에 깃든 간절한 원력이 모여 한 나라의 운명을 바꿀 수 있음을 말이다.

오대산에서 설악으로 이어지는 이 길은, 자장에게 있어 단순히 사리를 옮기는 행위가 아니었다. 그것은 자신의 삶 전체를 바쳐 신라라는 거대한 사찰에 '정신'이라는 서까래를 올리는 장엄한 불사였다. 한반도의 척추를 타고 흐르는 백두대간의 정기 위에 부처의 씨앗을 심는 일이야말로, 그가 신라의 왕족으로 태어나 대국통의 자리까지 오르며 짊어져야 했던 천명(天命)이었다.

자장은 별빛 아래 홀로 다짐했다. 다음은 사자산이다. 그리고 그 끝은 태백의 함백산이 되리라. 이 험난한 능선을 따라 부처님의 빛을 심는 일, 그것이 대국통 자장이 조국 신라에 바치는 마지막 헌신이었다. 자신의 지계(持戒)가 누군가에게는 고통이었을지 모르나, 그 고통이 거름이 되어 이 땅에 영원한 정토가 피어나길 그는 간절히 빌었다.

　새벽이 밝아 왔다. 설악의 운해가 파도처럼 일렁였다. 산인지 바다인지 모를 풍광이 자장의 마음 깊이 들어왔다. 몸은 무거웠으나 마음은 깃털처럼 가벼웠다. 이제 그의 시선은 다시 남쪽, 또 다른 보배를 품을 땅 영월 사자산(獅子山)을 향하고 있었다. 바람이 그의 장삼을 흔들었다. 장삼 사이로 설악의 향기가 짙게 배어 나왔다.

사자산 법흥사

　설악의 날카로운 기암괴석을 뒤로하고 남하하는 길은 오대산의 완만함과는 또 다른 묵직한 기운으로 자장을 맞이했다. 강원도 영월의 사자산(獅子山)은 그 이름처럼 거대한 사자가 앞발을 내밀고 대지를 향해 포효하는 형상을 하고 있었다. 마치 신라의 서북쪽 국경을 지키는 듬직한 장수 같았다. 주천강의 맑은 물줄기가 산발치를 돌아 나가며 자아내는 풍광은 실로 무릉도원(武陵桃源)이라 불려도 손색이 없을 만큼 신비롭고 아름다웠다. 굽이치는 계곡마다 기암괴석이 병풍처럼 둘러쳐져 있고, 맑은 물 위로 안개가 피어오르는 수주(水周) 땅의 정취는 마치 지상에 내려온 선계와 같았다.

　하지만 그 아름다운 산천의 이면에는 전란의 상처로 곪아 터진 백성들의 비참한 신음이 가득했다. 자장은 주장자를 짚고 산을 오르며 겉으로 보이는 절경보다 그 안에 숨겨진 민초들의 아픔에 더욱 깊이 귀를 기울였다.

길목마다 전쟁의 참화를 피해 깊은 산속으로 숨어든 유민들이 가득했다. 그들은 뼛속까지 시린 바람을 낙엽 더미로 겨우 막아내며 죽지 못해 하루를 버텨내는 초라한 형색이었다. 퀭한 눈으로 자장을 바라보는 그들의 시선을 보면서 자장의 마음은 미어졌다. 구원을 바라는 갈망보다 이미 모든 것을 포기한 이들 특유의 허망함이 더 짙게 배어 있었기 때문이다. 자장 뒤에서 묵묵히 따라오던 승실이 평소보다 무겁고 가라앉은 목소리로 입을 뗐다.

"큰스님, 여쭙고 싶은 것이 있습니다. 스님께서는 서라벌 황룡사부터 울주의 태화사, 양산의 통도사, 그리고 오대산과 설악산까지 실로 헤아릴 수 없을 만큼 많은 절을 짓고 계십니다. 사람들 사이에서는 이미 스님께서 지으신 절이 수십 곳이 넘는다는 말까지 돌고 있습니다."

승실은 잠시 멈춰 서서 산그늘 아래 웅크린 유민들의 초라한 움막을 손가락으로 가리켰다.

"저들을 보십시오. 당장 입을 옷도, 먹을 곡식도 없어 초근목피로 겨우 연명하는 이들에게 거대한 법당과 화려한 탑이 대체 무슨 소용이란 말입니까. 사찰을 짓는 것이 진정 호국불교의 길인지요?"

자장은 걸음을 멈추고 늙은 시자의 눈을 지그시 응시했다. 승실의 눈에는 헐벗은 백성들에 대한 애잔함이 서려 있었다.

자장은 나뭇가지 끝에 걸린 마른 잎사귀 하나가 바람에 흔들리는 것을 가만히 바라보다가 나직이 입을 열었다.

"승실 스님, 스님이 보기에 내가 세운 절들이 그저 왕실의 위엄을 세우기 위한 곳으로만 보이는가?"

승실이 반문했다.

"아니라고 생각하면서도 가끔 그렇게 보일 때도 있습니다."

자장은 다시 지팡이를 짚으며 가파른 산길을 오르기 시작했다.

"내가 세운 절들은 요새라네. 적의 칼날로부터 몸을 숨기는 요새가 아니라, 백성들이 절망으로부터 영혼을 지켜내는 요새란 말이네."

자장은 숨을 고르며 산 아래 굽이굽이 흐르는 강줄기를 따라 옹기종기 들어앉은 백성들의 마을을 내려다보았다. 짙은 녹음 사이로 드문드문 보이는 그 촌락들은 기와지붕이 즐비한 서라벌의 화려한 거리와는 전혀 다른, 흙과 나무로 겨우 뼈대를 세운 비루한 삶의 터전이었다. 하지만 자장의 눈에는 그 초라한 지붕들 아래서 고통을 견디며 살아가는 백성들의 숨결이 신라를 지탱하는 맥박으로 느껴졌다.

그때 굴뚝에서 가느다랗게 연기가 피어오르고 있었다. 민초들의 고단한 일상이자 생존을 향한 처절한 의지가 연기 속에 담겨 있는 듯했다. 자장은 그 작고 위태로운 마을들이 외적의 침략과 굶주림이라는 거대한 파도 앞에서 얼마나 쉽게 바스러질 수 있는지 누구보다 잘 알고 있었다. 주장자를 쥔 손에 더욱 힘을 주며 자장이 말했다.

"승실 스님, 내가 전국 방방곡곡, 특히 이런 험한 변방의 오지에 절을 세우는 이유를 아직도 모르겠는가? 서라벌의 귀족들이 비단 방석 위에서 불법(佛法)을 논할 때, 이곳 변방의 백성들은 전쟁의 공포와 굶주림에 영혼이 멍들어 가고 있네. 그들에게 필요한 것은 '부처님의 가호 아래 있다'는 확신이라네. 백성들이 의지할 언덕을 만들어 주기 위해 국가의 행정력이 닿지 않는 곳에 절을 짓는 것이네. 승실 스님, 나는 백성들이 고통받지 않고 평온한 삶을 살기를 바라네. 사찰은 백성들이 꿈꾸는 낙원을 이 지상에 구현하는 첫 번째 기둥인 셈일세."

자장은 사자산의 웅장한 능선을 가리키며 말을 이었다.

"실세로 내가 모든 절의 서까래를 직접 올렸겠는가? 아닐세. 내가 그곳을 점지하고 이름을 붙이는 것은 그 땅이 더 이상 버려진 땅이 아님을 선포하는 일이네. 이제 절은 백성들에게 국가의 보호와 불보살의 가피가 닿고 있음을 증명하는 곳이지 단순한 종교적 시설이 아니네. 나는 절을 통해 흩어진 민심을 묶고, 절망에 빠진 중생들이 다시 일어설 수 있는 희망의 공동체를 만드는 것일세."

자장은 근처에서 떨고 있던 유민 중 한 아이의 머리를 쓰다듬었다.

"진정한 호국(護國)은 나라를 지키는 데서 더 나아가 백성의 마음을 지켜 줘야 하는 것이네. 백성들이 절을 지으며 흘리는 땀방울은 부역의 고통이 아니라 자신들이 살아가는 땅을 불국토로 일구는 처절한 기도일세. 혹여 후세 사람들의 비난을 듣는다고 해도, 이 변방의 백성 하나라도 부처님의 자비심을 느끼고 평안하게 살아갈 수만 있다면 그걸로 족하네.”

자장의 말에 승실은 고개를 깊이 숙였다. 스승이 건립한 수많은 절이 신라 백성들, 아니 한반도 땅에서 살아가는 만백성의 고통을 치유해 주기 위한 큰 불사(佛事)였다는 사실을 그는 비로소 깨달은 것이다.

사자산 중턱, 사자 형상을 한 바위가 계곡을 굽어보는 명당에 다다랐을 때 자장은 부처의 진신사리를 모실 거룩한 전각인 적멸보궁(寂滅寶宮)을 건립하고, 그 뒤편으로 자신이 기도할 토굴(土窟)을 팠다. 자장은 직접 흙을 파내 몸 하나 겨우 누일 만한 작은 토굴을 일궈냈다.

봉안식이 열리기 전, 자장은 그 토굴 안으로 들어갔다. 습한 기운이 살을 파고들고 어둠이 시야를 가렸으나 자장은 그곳에서 칠 일 밤낮을 곡기를 끊은 채 기도했다. 그의 기도 소리는 토굴에서 흘러나와 사자산 전체로 울려 퍼졌다.

전설에 따르면, 자장 율사가 토굴에서 기도를 마치고 나올 때 산천이 진동하는 사자의 포효소리가 세 번 울려 퍼졌다고 한다. 이 땅에 깃든 온갖 삿된 기운을 쫓아내고 불법의 정수를 맞이하려는 환희의 외침이 아니었을까 싶다. 토굴 밖으로

나온 자장의 몰골은 초췌했으나 눈빛만은 형형했다. 기이하게
도 산 아래에서 허망한 눈빛으로 자장을 바라보던 유민들이
하나둘 산 위로 올라오기 시작했다. 자장은 그들에게 관부에
서 가져온 공양물을 나누어 주었다. 유민들은 굶주린 배를 채
우며 평생 처음으로 사람다운 미소를 지어 보였다. 자장은 그
들의 거친 손을 하나하나 잡아 주며 그들의 슬픔을 어루만졌
다.

"보게나, 승실 스님. 이들이 돌을 나르는 것은 강요된 부역
이 아니네. 자신들의 희망을 쌓는 환희로운 삶 그 자체라네.
내가 전국에 세운 사찰들은 바로 이런 이들의 눈물과 희망이
모인 결정체일세. 사자가 포효하여 숲의 질서를 잡듯, 이 절들
이 신라 백성의 무너진 마음을 바로잡을 것이네."

사자산 법흥사 적멸보궁은 그렇게 사자의 포효와 자장의 처
절한 토굴 기도로 세워졌다. 밤이 깊어지자, 사자산의 바람은
거대한 사자의 숨결처럼 웅장하게 대지를 울렸다. 수주면의
물줄기는 자장이 꿈꾸던 불국토의 찬가를 부르며 쉼 없이 흘
러갔다. 자장은 그 속에서 고통받는 중생들의 비명이 잦아들
고 척박한 땅 위로 새로운 희망의 싹이 돋아나는 환청을 들으
며 깊은 선정에 들었다.

사리 봉안을 마치고 사자산을 내려오던 길, 서라벌에서 온
급사가 자장의 앞을 가로막았다. 먼지를 뒤집어쓴 급사의 얼

굴은 창백하게 질려 있었다.

"큰스님, 서라벌에서 소식이 왔습니다. 당나라 황제께서 드디어 고구려를 치기 위해 요동으로 진격했다고 합니다! 당 태종이 우리 신라에 원병을 요청했고, 조정에서는 김유신 장군을 필두로 출정을 서두르고 있답니다."

자장의 눈빛이 흔들렸다. 당나라 유학 시절 친견했던 당 태종 이세민의 야욕이 결국 현실이 된 것이다. 하지만 소식은 거기서 끝이 아니었다.

"그뿐만이 아닙니다. 서쪽 국경에서는 백제의 의자왕이 이 틈을 타 대대적인 공세를 준비하고 있다고 합니다. 우리 군사들이 북쪽 고구려로 향하는 순간 백제의 칼날이 우리 등 뒤를 찌를 것이라며 서라벌의 민심이 흉흉합니다. 무엇보다… 여왕 폐하의 옥체가 심상치 않으십니다. 전하께서 큰스님을 간절히 찾고 계십니다."

자장은 멀리 서라벌 쪽 하늘을 바라보았다. 검붉은 구름이 불길하게 소용돌이치고 있었다. 그는 자신이 세운 황룡사 구층목탑의 침묵을 생각했다. 나라가 위기에 처했을 때, 그 탑은 신라를 지탱하는 정신의 기둥이 되어야 했다. 그리고 그 기둥을 지키는 여왕은 지금 홀로 고독한 전쟁을 치르고 있었다.

"승실 스님."

"예, 큰스님."

"나는 지금 즉시 서라벌로 돌아가야겠네. 나라의 명운이 걸린 이때, 대국통의 소임을 저버릴 수 없구먼."

자장은 품 안에서 마지막 남은 사리함을 꺼내 승실에게 건넸다.

"이 사리는 스님이 맡게나. 그리고 내가 말하는 곳으로 향해 가게."

"네에? 소승 홀로 어찌 이 중한 일을 감당할 수 있겠습니까!"

"이것은 스님이 해야 할 마지막 공부라네. 예전에 문수보살께서 내게 일러주신 곳이 있네. 태백산 깊은 산골짜기에 겨울에도 칡넝쿨이 시들지 않고 뻗어 있는 땅이 있을 걸세. 그곳이 바로 부처님의 진신이 머물 갈반지(葛蟠地)라네. 나는 서라벌의 불길을 끄러 가야 하니, 스님이 이 땅의 마지막 희망을 그곳에 심어야 하네. 가서 칡넝쿨이 뻗은 터를 찾게."

승실은 떨리는 손으로 사리함을 받았다. 자장의 눈빛에는 승실을 향한 믿음이 서려 있었다.

"스님, 부디 강녕하십시오. 소승, 목숨을 걸고 그 갈반지를 찾아내겠습니다."

"우리는 곧 다시 만날 것일세. 가장 보배로운 탑 앞에서."

자장은 서라벌을 향해 발걸음을 옮겼다. 그의 뒷모습은 지는 노을을 등지고 길게 그림자를 드리웠다. 승실은 스승의 마지막 명을 받들어 험준한 태백의 골짜기로 몸을 던졌다. 신라 불국토의 대업이 서로 다른 길 위에서 뜨겁게 요동치기 시작했다.

선덕여왕의 서거와 신라의 새 물결

사자산에서 서라벌로 향하는 길은 긴박했다. 자장 율사는 노구의 몸을 말 위에 싣고 쉼 없이 나아갔다. 서라벌 쪽 하늘에서 불길한 기운이 감돌고 있다는 소식과 함께, 비담의 반역이 시작되었다는 급보가 왔기 때문이었다. 하지만 서라벌 근교에 다다랐을 때, 자장을 맞이한 것은 예상치 못한 정적이었다.

"비담의 난이… 벌써 평정되었는가?"

말을 멈춰 세운 자장이 숨을 몰아쉬며 지나는 병사에게 물었다. 길목을 지키던 병사 하나가 투구를 벗고 예를 갖추며 답했다.

"네, 큰스님. 김유신 장군과 김춘추 공의 지략으로 비담의 무리는 월성 근처에도 가 보지 못하고 궤멸되었습니다. 김유신 장군이 월성에 떨어진 별을 다시 올렸다는 소문이 파다합니다."

자장은 말없이 고개를 들어 월성 너머 황룡사 구층목탑을 바라보았다. 반란의 불길은 생각보다 일찍 꺼졌으나, 그것은 단순히 군사적 승리가 아니었다. 자장은 직감했다. 성골(聖骨)의 권위가 흔들리는 틈을 타, 실력과 명분을 갖춘 이들이 역사의 전면으로 나서는 속도가 예상보다 훨씬 빠르다는 것을. 그것은 자신이 세운 '부처의 나라'라는 명분 위에, 실질적인 국력을 설계하는 이들의 시대가 당도했음을 의미했다. 낡은 시대의 종말이, 여왕의 꺼져 가는 생명과 함께 서둘러 찾아오고 있었다.

여왕의 침소는 향연(香煙)으로 가득했다. 하지만 그 향기는 죽음의 냄새를 가리기에 역부족이었다. 선덕여왕은 창백한 얼굴로 누워 있었으나, 자장의 기척을 느끼자 힘겹게 눈을 떴다.

"대국통… 드디어 오셨구려."

여왕의 목소리는 갈라진 가을 잎사귀처럼 바스락거렸다. 자장은 무릎을 꿇고 여왕의 여윈 손을 잡았다. 한때 이 땅의 모든 희망을 짊어졌던 군주의 손은 이제 차가운 돌처럼 식어 가고 있었다.

"폐하, 이 노승이 너무 늦었습니다."

"아니오. 대사께서 전국 산천에 절을 짓고, 적멸보궁에 모신 사리의 빛이 궐 안에까지 느껴졌소. 비담이 성골의 수명이 다했다고 떠들어도, 내 마음이 흔들리지 않았던 것은 대사께 향한 믿음 덕분이었소."

자장은 껄껄 웃으며 다시 북쪽을 가리켰다.

"소승이 세우고자 하는 불국토는 단순히 김씨 왕실의 안위를 지키는 성벽이 아닙니다. 저 산맥을 보소서. 산이 어찌 신라의 것과 고구려의 것을 가르겠습니까. 바람이 어찌 경계선 앞에서 멈추겠습니까."

자장은 주장자로 바닥을 짚으며 말을 이었다.

"이곳에 사리를 모시는 것은 단순히 신라를 지키기 위함이 아닙니다. 장차 이 땅의 모든 중생이 하나로 어우러질 '회통(會通)의 성지'를 미리 닦는 일입니다. 지금은 칼을 맞대고 싸우는 고구려의 백성도, 백제의 유민도 결국은 부처님의 품 안에서 깃들어야 할 이 땅의 형제들입니다."

여왕의 마음이 황룡사 탑으로 향했다. 자장과 함께 세웠던 그 거대한 탑은 이제 여왕에게 자부심인 동시에 그 '서원의 무게'를 결코 내려놓지 못하고 감당해야만 하는 것이었다.

"대사, 묻고 싶은 것이 있소. 내가 세운 그 탑이 정녕 신라를 구하겠소? 내가 꿈꿨던 불국토는 정녕 피의 대가로만 얻어지는 것이오?"

자장은 여왕의 고뇌 어린 물음에 가슴이 미어졌다.

"폐하, 탑은 돌과 나무로 쌓는 것이나 불국토는 백성의 마음으로 쌓는 것입니다. 폐하께서 흘리신 눈물과 고독은 신라라는 거대한 나무를 지탱하는 뿌리가 될 것입니다. 지금의 전란은 껍질이 벗겨지는 진통일 뿐, 그 뿌리가 단단하다면 반드시 새로운 싹이 돋아날 것입니다."

"그 싹을… 나는 끝내 보지 못하겠구려."

여왕은 길게 숨을 내쉬었다. 그날 밤, 신라의 첫 여왕은 자신이 예언했던 도리천(忉利天)의 꿈을 안고 조용히 눈을 감았다. 자장은 여왕의 임종 앞에서 밤새 독경을 멈추지 않았다. 그것은 한 군주를 향한 애도이자, 자신이 설계한 호국불교의 한 시대가 저물고 있음을 고하는 만가(輓歌)였다.

여왕의 국장이 끝난 지 얼마 되지 않은 날, 황룡사의 연못가에는 이별의 정취가 가득했다. 자장은 그곳에서 다시 원효를 만났다. 4년 전, 분황사의 뜰에서 자장은 당나라에서 가져온 엄격한 율법과 지계 정신을 설파하며, 이제 막 법력을 드러내기 시작한 원효와 마주한 적이 있었다. 당시 자장은 원효의 거침없는 사유가 기존 질서를 해칠까 우려했었다.

"원효, 그대는 분황사에서 내가 했던 말을 기억하고 있는가?"

"기억하고말고요. 큰스님께서 제게 율법을 어기는 것은 부처의 몸을 베는 것과 같다고 하셨지요. 제 법이 너무나 분방하여 백성들을 혼란케 할까 걱정하셨잖습니까."

원효는 예의를 갖추고 말하였으나 그 눈빛은 여전히 날카로웠다. 자장은 주장자를 짚고 그를 지그시 바라보았다. 자장은 이제야 원광 법사가 자신을 유학 보낼 때 느꼈을 그 기묘한 해방감을 이해할 수 있었다. 중요한 임무를 다한 뒤의 허탈함과 다음 세대에게 그 임무를 넘기는 안도감이 교차했다.

"그때의 나는 이 나라에 단단한 뼈대가 필요하다고 믿었기에 내 잣대로 그대를 매섭게 꾸짖었지. 하지만 지금 보니, 황룡사의 구층탑은 하늘을 찌를 듯 높으나 그 그림자가 너무 길어 백성들의 시린 발등을 덮고 있구나."

자장의 자조와 같은 고백에 원효가 답했다.

"큰스님의 청정한 계율은 고고하여 이 나라 법도의 기틀이 되었습니다. 하지만 백성들은 계속 허덕이고 있습니다. 신라와 백제가 전쟁에서 이기느냐, 지느냐가 문제가 아니라 고통받는 이들의 가슴 속에 부처님이 있는지, 없는지가 더 중요하다고 생각합니다."

자장은 껄껄 웃음을 터뜨렸다. 원효는 자장의 율법이 굳센 성벽을 쌓았지만, 그로 인해 때로는 백성을 힘들게 해 왔음을, 그리고 이제는 그 고통을 자비로운 마음으로 닦아 줄 시대가 왔음을 선언하고 있었다.

"이제야 알겠구나. 내 시대가 거대한 성벽을 쌓는 것이었다면, 너의 시대는 그 성벽을 허물어 백성들을 품는 것이겠지. 과거 원광 법사께서 내게 '칼날을 버리고 지혜를 채우라'고 하셨는데, 나는 그 칼날을 녹여 나라의 골조를 만드느라 한평생이 다 가버렸구나. 이제 그 골조 위에 살을 붙이고 피를 돌게 하는 것은 네 몫이다."

자장은 원효를 보며 홀가분하게 미소 지었다. 그것은 '대국통'이라는 무거운 권좌를 벗어 던진 수행자의 미소였다.

"가서 네 법을 펼치거라. 나는 이제 길을 비켜줄 것이다. 네가 저잣거리에서 부르는 노래가 이 황룡사의 종소리보다 더 멀리, 더 깊게 중생의 가슴에 닿기를 빌겠노라."

원효는 말없이 합장으로 예를 표하고 길을 나섰다. 그의 발걸음은 가벼웠고, 그의 등 뒤로는 새로운 신라의 태양이 떠오르고 있었다. 자장은 멀어지는 그의 뒷모습을 보며, 과거 원광법사의 품을 떠나 대륙으로 향하던 자신의 뒷모습이 겹쳐 보이는 듯했다. 시대의 파도는 그렇게 옛 물결을 밀어내며 새로운 바다를 향해 흐르고 있었다.

원효가 떠난 후에도 자장은 한동안 그 자리를 벗어나지 못했다. 그런데 생각지도 않던 신라의 실질적인 섭게지 김춘추가 다가왔다. 그는 국장 이후에도 쉬지 못했는지 안색이 몹시 수척해 보였다.

"큰스님, 정녕 서라벌을 떠나시렵니까."

김춘추의 물음에는 진한 아쉬움이 묻어 있었다. 자장은 춘추를 가만히 바라보다가 낮게 읊조렸다.

"춘추 공, 과거에 그대는 내가 세운 이 정책들이 백성의 고혈을 짜내는 것이라고 하지 않았소? 탑을 올리고 절을 짓는 것이 굶주린 백성에게 무슨 소용이냐며 나를 몰아세웠던 기억이 생각나네만…"

춘추 공은 잠시 침묵하다가 깊이 고개를 숙였다.

"부끄럽지만, 저도 기억납니다. 목재가 실려 오고 백성들이 부역에 나설 때마다, 저는 큰스님과 여왕 폐하가 원망스러웠습니다. 그땐 굶주린 백성들의 배를 채워 주는 게 급선무라고 생각했으니까요. 하지만…."

김춘추는 고개를 들어 자장을 보았다. 그의 눈에는 진심 어린 미안함과 참회가 서려 있었다.

"전쟁의 한복판에서 보니 큰스님의 생각이 옳다는 것을 느꼈습니다. 집이 불타고 가족을 잃은 백성들이 갈 곳 없을 때, 그들이 마지막으로 향한 곳은 큰스님께서 세우신 절이었습니다. 그곳에서 부처님의 이름을 부르며 그들은 절망을 견뎌냈고, 그 희망을 양분 삼아 다시 일어설 수 있었습니다. 대국통께서 세운 것은 정녕 탑이 아니라 백성들의 마음을 받치는 희망의 초석이었음을 이제야 깨달았습니다."

김춘추는 한숨을 내쉬며 덧붙였다.

"하지만 그 과정에서 생긴 모든 고통과 원망의 화살은 오롯이 여왕 폐하와 큰스님의 몫이셨습니다. 자신들을 살린 분인지도 모르고 큰스님을 원망하는 백성들도 많았습니다. 그 무거운 짐을 끝까지 짊어지게 해서 참으로 죄송할 따름입니다."

자장은 담담히 말했다.

"춘추 공, 역할이 달랐을 뿐 원력은 같았소. 이제 여왕은 가셨고, 나 역시 내 소임을 다했소. 낡은 시대의 국통이 자리를 차지하고 있으면 당신 같은 젊은 용이 승천하는 데 방해만 될 뿐이오. 나는 오늘부로 서라벌의 모든 번뇌를 이 연못 속에 던져 버리고 서라벌을 떠날 것이오."

"하지만 큰스님, 앞으로 당나라와의 외교는 어찌하며, 이 혼란스러운 정세 속에서 전하도 계시지 않는데 큰스님까지 떠나신다면 그 누가 중심을 잡아 주겠습니까. 부디 서라벌에 남아 저희를 이끌어 주십시오."

김춘추의 간곡한 만류에도 자장은 고개를 저었다.

"나는 이제 사문 본래의 모습으로 돌아가려 하오. 마지막으로 태백산의 갈반지를 찾아 사리를 봉안해서 문수보살과의 약속을 지켜야 하니, 춘추 공은 오직 백성과 나라의 안위만을 생각하시오."

김춘추는 깊게 허리를 숙였다. 자장은 그런 **춘추**를 보며 흡족한 듯 고개를 끄덕였다.

시대가 변하고 있었다. 김춘추와 김유신이라는 두 영웅이 신라를 지탱하기 시작했고, 원효라는 새로운 빛이 백성들의 마음속으로 파고들고 있었다. 전란의 소식은 여전히 들려와 백성들의 고통은 끝나지 않았다. 하지만, 자장은 자신이 전국에 세운 사찰들이 백성들의 든든한 버팀목이 될 것임을 알고 있었다.

비단 위에 새긴 태평송(太平頌)

상대등 비담의 난과 선덕여왕의 죽음으로 어수선한 정국이었다. 상대등 알천과 자장의 속가 숙부인 김호림(金虎林)을 중심으로 화백회의가 긴급히 소집되었다. 당시 성골(聖骨) 혈통의 남성이 전무한 상황에서, 귀족들은 진평왕의 동생 국반 갈문왕의 딸인 승만(勝曼) 공주를 새로운 왕으로 추대했으니, 이가 바로 신라의 제28대 진덕여왕이다.

자장은 전국을 돌며 불국토의 기틀을 닦는 바쁜 와중에도 틈틈이 서라벌에 들러 새로운 여왕의 안위를 살폈다. 진덕여왕은 국정을 안정시키려 애썼지만, 선덕여왕에 이은 두 번째 여왕의 권위를 위협하는 안팎의 도전이 거셌다. 귀족들은 여전히 여왕의 통치력에 의문을 품었고, 국경 밖 백제와 고구려의 압박은 날이 갈수록 교묘해졌다. 백제 의자왕은 대야성 함락의 기세를 이어 신라의 서쪽 국경을 쉴 새 없이 몰아쳤다.

고구려 또한 북방에서 호시탐탐 기회만 노리고 있었다.

이 절박한 고립무원의 상황 속에서, 자장의 시선은 멀리 당나라의 거대한 변화를 주시하고 있었다. 신라의 운명은 이제 서라벌 내부의 결속만큼이나, 대륙의 주인이 누구인지, 그들이 신라를 어떻게 평가하느냐에 따라 신라의 명운이 달려 있었기 때문이다.

649년, 천하를 호령하던 당 태종 이세민이 세상을 떠났다는 비보가 서라벌에 전해졌다. 자장은 장안의 황궁에서 직접 만났던 그 오만한 영웅의 최후를 떠올렸다. 고구려 안시성에서 양만춘의 화살에 어깨를 맞고 퇴각한 후, 이세민은 육신의 병마보다 깊은 자존심의 상처와 울화 속에서 급격히 무너져 내렸다.

'작디작은 고구려에 당하다니 분하구나. 위징(魏徵)이 내 곁에 있었더라면 이런 무모한 전쟁을 막았을 텐데.'라며 인생의 유일한 오점을 한탄하며 눈을 감았다는 그의 소식은 자장의 가슴에도 깊은 파문을 남겼다. 천하를 발아래 두었던 전설적인 효웅(梟雄) 이세적(李世勣) 장수조차 고구려의 서슬 퍼런 기세를 끝내 베어내지 못했다는 사실이 자장에게 두려움을 더했다. 당 태종의 서거는 신라의 강력한 동맹국 황제의 죽음인 동시에 고구려와 백제의 기세가 더욱 거세질 것이라는 불길한 전조였다.

하지만 자장이 더욱 경계한 것은 새로 즉위한 당 고종 이치(李治)와 그의 뒤에 서서히 존재감을 드러내기 시작한 여인, 무조(武照)였다. 자장은 황제 이세민을 알현하던 당시, 스물다섯 살의 후궁 무조를 본 적이 있었다. 그녀의 빼어난 미모 뒤에 숨겨진 카리스마와 영특함이 범상치 않았다. 그녀는 놀랍게도 불교에서 말하는 전륜성왕(轉輪聖王)과 중생을 미혹하는 마왕(魔王)의 두 가지 상(相)이 기묘하게 겹쳐 있었다.

그때 자장은 직감했다. 머지않아 당나라에는 야심 가득한 무조의 시대가 열릴 것이라는 그의 예감은 당 태종의 죽음으로 빨리 현실이 되었다. 바야흐로 중국 천하를 뒤흔들 여황제 측천무후가 될 여인의 시대, 병약하고 어린 고종의 시대는 그녀의 치밀한 지략에 의해 움직이게 될 것이다. 대륙의 주인이 바뀌는 이 거대한 역사의 축 위에서 신라가 살아남을 길은 오직 하나였다.

당나라의 황제가 바뀌고 정세가 급변하자, 신라는 발 빠르게 대처해야 했다. 당시 신라의 외교 전반을 책임지고 있던 김춘추는 당나라 유학파이자 외교 전문가인 자장 율사를 불러 자문을 구했다. 수나라의 침략 때 원광 법사가 '걸병표(乞兵表)'라는 문장 하나로 대륙의 군사를 움직였듯, 이제 자장의 지혜가 신라의 명줄을 잡고 있었다.

"큰스님, 당나라 황제가 승하하고 새 황제가 즉위했으니 조속히 조문과 찬양의 국서를 보내야 합니다. 고구려와 백제가 우리를 협공하는 상황에서 당의 환심을 사는 것은 이제 생존의 문제입니다. 이번 국서는 단순한 인사가 아니라 우리 신라의 명운이 걸린 일입니다.”

대륙의 지도를 살피던 자장이 김춘추를 바라보았다. 그의 눈에는 이미 한 편의 거대한 그림이 그려져 있었다.

“그렇습니다. 이번 국서는 단순히 예법을 차리는 문서가 아닙니다. 신라가 당나라와 문명 수준을 공유하는 품격 있는 나라임을 드러내되, 젊은 황제의 덕을 극진히 찬양하여 그들의 마음을 사로잡아야 합니다. 시(詩)를 활용합시다. 당나라 황실의 예법에 맞는 오언고시(五言古詩) 형식의 ‘태평송(太平頌)’을 지어 보냅시다. 찬시의 내용은 황제의 덕이 자연의 이치와 맞닿아 있고, 온 세상 제후국들이 ㄱ 덕에 복종하여 천하가 태평성대를 이룬다는 장엄한 서사를 담아야 합니다. ‘위대한 당나라가 큰 나라의 대업을 여시니, 그 공덕이 사해를 덮고 찬란히 빛나는 황제국 당나라로다.’라는 구절로 그들의 자부심을 북돋워야 합니다.”

자장은 서라벌의 수재들에게 초안을 쓰게 한 뒤, 문장 하나하나를 직접 윤문하며 정성을 들였다. 한 글자, 한 문장이 당나라 문장가들의 날카로운 안목에 비추어도 손색이 없도록 다듬고 또 다듬었다. 그리고 더 나아가 자장은 여왕에게 파격적인 제안을 했다.

“폐하, 이 찬양의 시를 단순히 종이에 적어 보내지 마시고,

직접 비단 천에 곱게 자수를 놓아 보내십시오. 요즘 당나라 장안의 귀부인들 사이에서는 비단에 모란을 수놓는 것이 유행이라고 합니다. 신라의 여왕이 직접 황제를 향한 충정과 정성을 실 한올 한올마다 새겨서 보낸다면, 그 어떤 금은보화보다 황제의 마음을 깊이 움직일 것입니다. 아름다움은 때로 칼날보다 예리하게 적의 마음을 베는 법입니다."

이 조언에 따라 탄생한 것이 바로 국가가 주도하는 외교 문서로 우리나라 최초의 송문(頌文) 한시인 '태평송(太平頌)'이다.

"위대한 당나라가 큰 나라의 대업을 여시니
황제의 거룩한 치도(治道)가 널리 빛나도다.
전쟁이 그치고 천하에 평화가 오니
문치(文治)를 닦아 옛 성왕들의 덕을 이으셨도다.
하늘이 도우시어 은혜로운 비를 내리시고
만물을 다스림에 조화와 빛이 깃들었도다.
황제의 어진 마음은 해와 달과 같고
천하를 다스림은 시대를 넘어 평안하도다...."

650년, 김춘추의 아들 김법민(훗날의 문무왕)이 사신으로 입조하여 이 '태평송 자수 비단'을 고종에게 바치자, 당나라 조정은 감탄과 찬사를 아끼지 않았다. 변방의 작은 나라 여왕이 직접 수놓은 명문에 감격한 고종은 신라를 당나라 주변 번국(藩國)

가운데 서열 첫 번째 반열에 세우며 각별한 대우를 약속했다. 한 편의 시가 풍전등화의 신라를 구하는 수만 명의 구원군보다 더 강력한 힘을 발휘한 셈이었다.

자장은 외교적 성과에만 만족하지 않았다. 그는 신라의 내부 체질을 근본적으로 바꾸어야 한다고 믿었다. 그는 진덕여왕에게 신라 조정의 관복을 당나라의 의관(衣冠)으로 통일하고, 당나라의 연호인 '영휘(永徽)'를 공식적으로 사용할 것을 강력히 건의했다. 이는 당시 보수적인 귀족들 사이에서 신라 고유의 주체성을 저버리는 굴욕적인 일이라며 거센 반발을 불러일으켰으나, 자장의 의지는 확고했다.

"주체성은 나라가 살아남은 뒤의 일입니다. 지금은 엎드려서라도 국가의 명맥을 이어야 할 때입니다. 당니리의 법령과 의복을 받아들임으로써, 그들에게 '우리는 당신들과 같은 길을 걷는 형제이자 동맹'이라는 확신을 심어 주어야 합니다. 적의 의심을 거두고 그들의 품 안으로 깊숙이 들어가는 것, 그것이 가장 무서운 외교 전략입니다. 그래야만 저들이 우리를 위해 군사를 움직일 명분이 생기는 법입니다."

자장의 이 서릿발 같은 자국의 이익을 위한 실용 외교, 실리 외교 전략은 적중했다. 신라는 당나라로부터 가장 신뢰받는 맹방으로 자리매김했으며, 이는 훗날 삼한일통을 향한 거대한 군사적 동맹의 초석이 되었다. 자장은 이제 자신이 서라벌 조정에서 할 수 있는 모든 세속적인 소임이 끝났음을 느꼈다. 자장은 다시 낡은 바랑을 챙겼다.

그는 이제 국가의 법도와 외교의 번잡한 막후를 벗어던지고, 태백산맥의 깊은 골짜기로 떠날 준비를 마쳤다. 부처님의 정골사리를 온전히 봉안할 수마노탑, 그 마지막 적멸보궁을 향해 그는 다시 걸음을 옮겼다. 자장의 권유로 당나라식 의관과 연호가 신라의 겉모습을 바꾸어 놓았지만, 자장의 가슴 속에는 세속의 명리를 떠난 지혜의 달빛만이 고요히 흐르고 있었다.

"승실 스님, 이제 곧 만나겠구먼. 우리 땅을 지켜 줄 사리탑을 세우러 가고 있다네."

자장의 노쇠한 육신은 산길을 오를 때마다 힘든 기색이 역력했다. 그러나, 그의 눈빛은 당나라 유학길에 올랐던 청년 자장의 그것처럼 다시 뜨겁게 달아오르고 있었다. 자장을 평생토록 사로잡았던 불국토의 꿈은 이제 태백의 정암사로 이어졌다.

갈반지를 찾아서

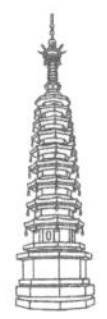

서라벌에 정착시켜 놓은 당나라 의관과 연호, 그리고 대륙의 황제를 감동시켰던 '태평송'의 눈부신 성과를 뒤로한 자장의 발길은 다시 강원도 평창의 깊은 산세 속에 자리힌 수다사(水多寺)로 향했다. 대국통으로서의 모든 소임을 마치고 노구의 몸을 이끌고 돌아온 그곳은, 그가 처음 오대산 불사를 시작하며 전초기지로 삼았던 소박하고도 정겨운 처소 수다사였다.

여전히 맑고 풍부한 물줄기가 흐르고 있는 수다사의 아름다운 풍광은 지친 노승의 마음을 달래 주었다. 서라벌의 권력 투쟁과 외교적 수사들이 숲의 정적 속에 흩어지는 것을 느끼며 자장은 비로소 안도의 숨을 내쉬었다.

지천명을 넘어 이제 쉰 중반에 이른 자장은, 비록 육신은 수많은 불사와 고행으로 인해 예전 같지 않아 걸음걸이마다 뼈마디가 비명을 질렀으나, 그 눈빛만은 만년설 속에서도 꺼지지 않는 등불처럼 더욱 깊은 지혜의 빛을 머금고 있었다. 그는 이제 찰나의 명예나 권력보다는 문수보살이 허락한 마지막 안식처이자 중생의 고통을 영원히 씻어낼 성지를 찾는 일에 남은 생을 다 쏟았다.

수다사의 앞마당에서 자장은 미리 도착해 있던 제자 승실과 마주했다. 태백산의 험준한 골짜기를 미리 살펴보고 돌아온 승실의 얼굴은 매서운 산바람에 실핏줄이 터져 피딱지가 앉아 있었다. 질긴 가죽신도 이미 갈가리 찢겨졌고, 새로 삼은 짚신 또한 해질 대로 해져 있었다. 승실은 스승 앞에 무릎을 꿇으며 죄스러운 듯 무거운 목소리로 입을 뗐다.

"스님, 소승의 정성이 부족하고 재주가 미천하여 아직 문수보살께서 말씀하신 그 터를 찾지 못했습니다. 태백의 골골마다 흩어진 골짜기를 샅샅이 뒤지고, 허벅지까지 차오르는 만년설을 헤치며 금빛 칡넝쿨의 흔적을 쫓았사오나, 온 산이 하얗게 얼어붙어 그 신령한 갈반지 터를 찾지 못했습니다. 소승의 어리석음 때문에 문수보살님의 성스러운 계시가 가려진 것은 아닌지, 아니면 아직 때가 이르지 않은 것인지 두렵기만 합니다."

승실의 어깨는 그동안의 고단함과 자책감으로 낮게 늘어져 있었다. 자장은 그런 제자의 거친 손을 말없이 맞잡으며 평온하게 미소 지었다. 그의 미소는 혹독한 겨울을 견디는 소나무의 의연함을 닮아 있었다.

"승실 스님, 너무 상심하지 말게. 인연이 닿는 자리는 억지로 발로 찾는 것이 아니라, 때가 되면 산천이 스스로 그 안개를 걷고 문을 열어 주는 법일세. 스님이 그동안 흘린 땀방울과 눈물이 이미 이 땅의 맥박을 깨우고, 보살님의 자비를 불렀을 걸세. 보려고 애쓰지 말고, 그저 마음의 소리에 귀를 기울이며 기다려 보면 머잖아 그 땅이 나타날 것이네."

그러던 어느 날 밤, 수다사의 좁은 방에서 깊은 선정에 들었던 자장의 꿈속에 기이한 모습의 스님이 나타났다. 그는 신라의 옷도, 대륙의 옷도 아닌 범상치 않은 가사를 걸치고 있었다. 눈빛은 깊은 심해의 보석처럼 영롱하게 빛났다. 이승(異僧)이 자장을 지긋이 바라보며 말했다.

"내일 대송정(大松汀)에서 보리라."

이승이 짧은 한마디를 남기고는 안개처럼 흩어졌다. 꿈에서 깬 자장은 단순한 꿈이 아님을 직감했다. 대송정은 험준한 대관령을 넘어서 명주(강릉) 해안가로 내려가면 만날 수 있는 곳이었다. 우뚝 솟은 수만 그루의 소나무가 장관을 이루고, 하늘과 바다가 만나는 듯 신령한 기운이 서린 장소였다. 자장은 이튿날 아침 날이 밝기도 전에 주장자를 짚고 대관령 고갯길을 넘어 대송정을 향해 걸음을 옮겼다. 대관령의 굽이치는 길은 여전히 험난했으나, 자장의 발걸음은 보살을 만난다는 환희심으로 인해 구름 위를 걷는 듯 가벼웠다.

파도가 소나무 뿌리를 적시고 소금기 머금은 바람이 숲을 휘젓는 대송정의 아침 안개 속에서, 자장은 다시 한번 문수보살의 자비로운 화현을 마주했다. 찬란한 금빛 서광을 두른 채 자장 앞에 나툰 문수보살은 바다의 파도 소리조차 잦아들게 만드는 고요한 목소리로 입을 열었다.

"자장 대사, 이제 그대의 길고 긴 유랑을 멈출 때가 되었소. 태백산의 가장 깊은 품속, 갈반지(葛磻地)라 불리는 곳으로 가시오. 그곳에서 그대와 나와의 약속을 완성하고, 다시 만납시다."

보살의 형상은 순식간에 함백산의 짙은 구름 속으로 사라졌으나, 자장의 귓가에는 '갈반지'라는 세 글자가 쟁쟁하게 남아 가슴을 울렸다. 자장은 곁을 지키던 승실에게 바랑을 다시 단단히 챙기라 일렀다. 당나라 오대산에서 가져온 마지막 정골사리와 서해 용왕이 하사한 영롱한 수마노석들이 마침내 제자리를 찾을 시간이 다가오고 있었다.

태백산맥의 허리, 거대한 바위산인 정선 함백산 아래로 굽이치는 계곡을 따라 자장의 고행이 다시 시작되었다. 해발 1,100m가 넘는 이곳은 영하 30도가 넘는 혹한이 뼈를 깎는 듯한 지대였다.

그런데 얼음 덮인 계곡물 속에서 유유히 헤엄치는 열목어를 발견하고 자장이 발길을 멈추었다. 혹한 속에서 노닐고 있는 열목어의 은빛 비늘이 찬란했다. 그 모습만으로도 이 땅이 예사롭지 않은 생명력을 품고 있음을 알아차릴 수 있었다. 자장은 차가운 물속에 손을 담그며, 이 물줄기가 시작되는 곳에 부처님의 안식처가 있음을 직감했다.

자장과 승실이 깊은 산중의 울창한 숲을 헤치고 나아가자, 뜻밖에도 광활하고 평탄한 분지가 눈앞에 펼쳐졌다. 사방이 깎아지른 절벽으로 둘러싸여 천연의 요새를 이룬 그곳은, 신기하게도 바깥의 세찬 겨울바람과는 달리 온화한 기운이 감돌고 있었다. 겨울에는 땅 밑에서 따스한 지열이 올라오고 여름에는 바위 그늘 사이로 시원한 바람이 머무는, 사시사철 온화한 명당이었다. 자장은 가쁜 숨을 몰아쉬며 신비로운 터에 눈길을 주고 있는데, 그 중심에 특별한 풍경을 목격했다.

수많은 칡넝쿨이 얽히고설킨 고복 아래, 거대한 구렁이 여러 마리가 똬리를 틀고 앉아 정오의 햇살 아래 일광욕을 즐기고 있었다. 깊은 산중에서 뱀들이 경계도 없이 양지로 나와 몸을 누이고, 칡넝쿨이 겨울에도 시들지 않고 무성하게 자라는 곳이야말로 사람이 살기에 가장 적합한 양택(陽宅)의 자리였다.

자장은 그 자리에 서서 무성한 칡넝쿨을 한참이나 바라보았다. 칡은 단순히 명당의 징표를 넘어, 척박한 땅에서 살아가는 민초들에게는 생명과도 같은 존재였다. 칡의 질긴 나무줄기는 엮어서 흙과 돌을 나르는 삼태기를 만들 수 있어 고된 노역의 짐을 덜어 주었고, 그 껍질로는 선비들의 소박한 기품과 추위를 막아 주는 갈건(葛巾)을 제작할 수 있었다. 무엇보다 칡의 뿌리인 갈근은 배고픈 중생의 배를 채워 주는 구황작물인 동시에, 독을 풀고 위장을 보호해 주는 귀한 약초였다. 자장은 이곳이 이무기라는 영적 권위와 칡이라는 실용적 자비가 공존하는 터임을 깨달았다. 명당이란 단순히 기운이 좋은 땅이 아니라, 사람이 머물며 그 생명력을 나누어 가질 수 있는 땅이어야 했다.

자장은 환희에 찬 목소리로 외쳤다.

"이곳이 바로 갈반지로구나! 문수보살님이 계시는 지상의 정토로다!"

그 터 위에는 흙 한 점 덮이지 않은 채 산의 뼈가 그대로 드러난 희고 깨끗한 바위, 즉 정암(淨巖)이 있었다. 바위는 침묵으로 그 자리를 지키며 쉽게 물러서지 않는 기개와 동시에 사람을 포근하게 감싸안는 신비로운 기운을 내뿜고 있었다. 바위 위로는 질긴 생명력의 칡이 틈새를 비집고 올라 돌을 감싸고 있었는데, 마치 바위와 칡이 서로에게 기대어 땅의 숨결을 이어가는 상생의 모습 같았다.

햇빛이 과하지 않게 쏟아지고, 바람은 길을 잃지 않고 숲 사이를 유순하게 흐르고 있었다. 아직 아무것도 세워지지 않았으나 공간은 이미 완벽한 조화를 이루고 있었다. 뭇 생명들이 먼저 알아본 자리, 바위가 오래도록 지켜온 이 터는 사람의 발걸음이 닿기 전부터 이미 구도자를 기다리고 있었던 것이다. 자장은 그 거룩한 바위 아래에 절을 짓기로 결심했다.

이것이 훗날 석남원(石南院) 또는 갈래사(葛來寺)라고도 불리게
될 정암사(淨巖寺)의 최초 모습이었다.

정암사 수마노전탑

　자장은 부처님의 진신사리를 모실 최적의 탑 자리를 찾기 위해 간절히 기도를 올렸다. 그러자 신비로운 일이 일어났다. 하룻밤 사이, 흰 눈 위로 세 줄기의 칡넝쿨이 뻗어 나가 멈추어 있었다. 자장은 그 세 줄기의 궤적을 문수보살의 인도로 받아들였다. 산 위를 향해 뻗은 줄기 끝에는 서해 용왕이 하사한 보배인 수마노탑(水瑪瑙塔)을 쌓고, 그 아래 중심부에는 사리를 친견하며 예배를 올릴 적멸보궁(寂滅寶宮)을 짓기로 했다. 또한 왼쪽으로 길게 뻗은 자리에 문수보살을 모시는 문수전을 지을 것이다. 그리고 칡의 줄기가 뻗어 나온 절이라 하여 갈래사(葛來寺)라는 이름을 붙였다.

　함백산의 깊은 품속, 자장은 칡넝쿨이 똬리를 틀어 점지한 곳에 주장자를 꽂고 나서 잠시 가쁜 숨을 내쉬었다. 터는 잡았으나 이제 그 위에 세울 탑의 재료가 문제였다. 자장은 곁을 지키던 승실을 불러 명주 도독에게 보낼 긴밀한 서신을 건넸다.

"승실 스님, 서둘러서 명주 관부로 가게나. 내가 당나라에서 귀국할 때 서해 용왕에게 하사받아 명주 관부 창고에 넣어 둔 수마노석(水瑪瑙石)들을 이제 이곳으로 옮겨 와야겠네. 도독에게 이 서신을 전하면 그가 군사와 수레를 내어 길을 열어줄 것일세."

승실이 길을 떠난 지 보름여가 지났을 무렵, 적막하던 태백산 골짜기에 사람들의 함성과 수레바퀴 구르는 소리가 울려 퍼졌다. 명주 도독이 보낸 수십 명의 군사와 인부들이 수십 대의 수레를 끌고 험준한 산길을 뚫고 나타난 것이다. 수레 위에는 가마니로 겹겹이 싸인 마노석들이 가득 실려 있었나. 가마니를 걷어내자, 서해의 정기를 머금은 수마노석들이 태백의 차가운 눈빛 아래 영롱한 오색 광채를 뿜어냈다. 그것은 바다 밑바닥에서 천 년의 시간을 견디며 용왕의 원력까지 응축되어 더욱 빛났다. 마노석들은 마치 살아 있는 생명체처럼 빛을 머금었다가 다시 내뿜기를 반복하며 태백의 어둠을 순식간에 신비로운 빛으로 가득 채웠다.

신기한 일은 그다음에 일어났다. 수마노석이 도착했다는 소식과 함께, 대국통 자장 율사가 태백산 깊은 골짜기에 머물며 마지막 불사를 시작했다는 소문이 삽시간에 인근 산천으로 퍼져 나갔다. 전란을 피해 오대산 자락에 숨어 살던 유민들, 그리고 화전(火田)을 일구며 하루하루 고단한 삶을 이어가던 인근지역 백성들이 하나둘 갈반지로 모여들기 시작했다. 그들은 관부의 동원령 때문이 아니라, 자신들의 험한 삶에 빛이 되어 주었던 노승의 마지막 소망에 힘을 보태기 위해 자발적으로 찾아온 이들이었다. 지팡이를 짚은 노인부터 어린아이를 등에 업은 아낙까지, 수백 명의 백성이 모여들었다. 자장은 그들의 거친 손을 하나하나 맞잡으며 눈시울을 붉혔다.

"그대들에게 줄 것이라곤 부처님의 가르침뿐인데, 이 험한 길을 어떻게 오셨소."

백성들이 이구동성으로 말했다.

"큰스님께서 저희들을 위해 절을 세워 주셨는데, 저희가 어찌 가만히 있겠습니까. 이 탑이 서는 곳이 곧 저희의 집이요, 마음의 안식처가 될 것입니다."

그날부터 갈반지는 열성적인 기도 현장으로 변모했다. 자장은 직접 정을 들고 수마노석을 다듬기 시작했고, 백성들은 누가 먼저랄 것도 없이 어깨에 돌을 짊어지고 험한 절벽을 오르내렸다. 자장은 대국통이라는 높은 지위를 내려놓고 소박한 승복 차림으로 무릎을 꿇은 채 돌을 깎았다. 그의 손은 금세 물집이 잡히고 터져서 붉은 피가 수마노석의 투명한 표면에 번졌으나 자장은 멈추지 않았다. 승실이 걱정하며 정을 뺏으려 했으나 자장은 오히려 승실을 타이르며 백성들을 가리켰다.

"보게, 저들이 나르는 것은 무거운 돌이 아니라 자신들의 희망이네. 내가 이 돌을 깎는 것은 내 안의 아상(我相)을 깎는 것이요, 저들이 돌을 나르는 것은 흩어진 신라의 민심을 하나로 모으는 것일세. 황룡사의 구층탑을 세울 때는 국가의 권위로 쌓았으나, 이곳의 탑은 저들의 정성으로 채워야 하네. 내 육신의 고통과 저들의 땀방울이 이 보석에 새겨질 때 비로소 이 탑은 살아 있는 부처로 나툴 것이네."

자장과 백성들은 먼저 부처님을 모실 소박한 정사인 석남원(石南院)을 지었다. 화려한 단청도 없었고, 장엄한 법당도 아니었다. 하지만 태백의 나무와 흙으로 빚은 그곳은 그 어떤 대찰보다 따뜻한 온기가 돌았다. 이어 시작된 수마노전탑 건립은 처절한 고행의 연속이었다. 해발 1,100m가 넘는 고지에서 불어오는 삭풍은 쉰 중반에 접어든 노승의 뼈마디를 파고들었다. 살을 에는 듯한 추위는 짚신 신은 백성들의 발을 얼어붙게 했다.

하지만 자장은 돌 하나를 올릴 때마다 전쟁터에서 이름 없이 죽어간 장졸들의 넋을 기렸고, 백성들은 배고픔을 잊은 채 염불 소리에 맞춰 탑을 쌓아 올렸다. 특히 태백산은 지기(地氣)가 강하여 화재가 잦은 산이었다. 그래서 자장은 '물의 기운'을 머금은 수마노석으로 탑을 쌓음으로써 태백산의 화기(火氣)를 누르고자 하는 풍수적 안배도 잊지 않았다. 탑이 한 층 두 층 올라갈수록 햇빛이 비치면 수마노석은 바닷속의 진주처럼 은은한 수기를 내뿜었다. 그뿐만이 아니었다. 달빛 아래서는 슬픈 중생의 눈물처럼 투명하게 반짝이며 길 잃은 자들의 이정표가 되었다.

마침내 탑의 꼭대기에 마지막 찰주를 세우는 날이 밝았다. 자장은 당나라 오대산에서 가져온 마지막 진신사리를 탑의 심장부에 봉안했다. 사리가 안치되는 순간, 수마노탑은 거대한 빛의 기둥이 되어 태백의 하늘을 찔렀다. 이로써 통도사 금강계단에서 시작되어 울주 태화사, 서라벌 황룡사, 영월 법흥사, 설악산 봉정암을 거쳐 이곳 태백산 정암사에 이르는 자장 율사의 '다섯 적멸보궁'이 마침내 완결되었다. 이는 신라의 국토를 감싸안는 거대한 보호막이자, 어떤 외적도 감히 침범할 수 없는 정신의 결계였다. 자장은 완성된 탑 앞에 주저앉아 자신을 도왔던 백성들을 둘러보았다. 그들의 얼굴은 흙먼지로 뒤덮여 있었으나 눈빛만은 보석처럼 빛나고 있었다.

"정암(淨巖)이라 하리라. 깨끗한 바위 위에 피어난 지혜의 꽃이다. 이제 그대들은 전란의 소문이 들려올 때마다 이 탑의 빛을 보고 안심할 것이요, 삶에 지친 이들은 이곳에 와서 부처님의 자비로 다시 일어설 힘을 얻으리라."

탑이 완공된 후, 자장은 한동안 탑 앞에 앉아 멀리 남쪽 하늘을 바라보았다. 그곳엔 여전히 연기가 피어오르고 있을 서라벌이 있었다. 김춘추와 김유신은 이제 자신들의 검으로 새로운 신라를 만들어갈 것이고, 원효는 저잣거리의 흙탕물 속에서 연꽃을 피워낼 것이다.

"춘추 공, 보시오. 내가 세운 마지막 탑은 칼을 막는 성벽이 아니라, 칼을 내려놓게 하는 자비의 등불이오. 당신의 통일이 이 빛을 따라오길 빌겠소."

자장은 이제 자신의 임무를 다 마친 것 같아 후련해졌다. 대국통이라는 이름의 허울도, 황룡사의 거대한 위세도 이곳 태백의 맑은 공기 속에서는 한낱 물거품에 불과했다. 그는 비로소 완전한 자유를 느꼈다.

"스님, 이제 어디로 가시렵니까?" 승실이 물었다.

자장은 지팡이를 짚고 천천히 몸을 돌려 정암사의 고요한 숲으로 발길을 옮겼다.

"어디로 가긴, 이제 부처님 품으로 돌아가야지. 승실 스님, 탑의 그림자를 보게. 해가 지면 그림자는 사라지나, 탑의 빛은 어둠 속에서 더욱 선명해지지 않던가. 내 육신은 사라져도 이 빛은 신라의 밤을 영원히 비출 것이네."

정암사 계곡을 흐르는 물소리가 자장의 독경 소리와 어우러져 깊은 골짜기로 퍼져 나갔다. 태백산의 눈은 더욱 하얗게 내려앉아, 자장이 걸어온 험난했던 인생의 흔적을 따스하게 덮어주는 듯했다. 수마노전탑은 그 하얀 눈 속에서 홀로 영롱한 빛을 내뿜으며, 신라 불국토의 대업이 완성되었음을 하늘에 고하고 있었다.

마지막까지 지킨 법의 등불

    수마노전탑이 완공된 후, 태백산의 겨울은 유난히 깊고 적적했다. 함백산의 가파른 능선을 타고 내려오는 삭풍은 날카로워 살아 있는 생명의 숨통을 조이는 듯했다. 자장 율사는 정암사 뒤편, 탑이 내려다보이는 좁은 토굴에 자리를 잡았다.

    그는 금란가사를 승실에게 주어 계곡물에 세탁하게 했다. 바위 위에 널어놓은 금란가사는 바위에 찰싹 얼어붙어 있었다. 그 모양새가 주인을 잃은 허물처럼 보였다. 자장의 여윈 몸을 감싼 것은 수십 번 구멍이 나고 해진 누더기 삼베옷 한 벌뿐이었다. 신라의 가장 높은 자리에 올랐던 사문이 금란가사를 뒤로하고 스스로 선택한 가장 낮은 곳의 수의(壽衣)였다.

    그의 육신 역시 한 줌의 재가 되기만을 기다리는 마른 장작 같았다. 숨소리는 골짜기를 흐르는 바람 소리에 묻힐 만큼 미약했으나, 가부좌를 틀고 앉은 그의 눈빛은 함백산의 차가운 새벽별보다 더 투명하게 빛났다. 자장은 알고 있었다. 신라의 지맥을 잇는 다섯 개의 보궁이 완성됨으로써 자신의 세속적 소명은 끝났으나, 오대산에서 시작된 문수보살과의 마지막 약속-진정한 대면(對面)-이 이 태백의 갈반지에서 마무리되어야 함을 말이다.

"스님, 공양을 드셔야 합니다. 미음 한 모금이라도 넘기셔야 법체를 보존하시지요. 이토록 모질게 자신을 버리시면 남겨진 저희는 어찌합니까."

승실이 눈물을 머금으며 토굴 밖에서 속삭였다. 쉰 해를 넘게 그림자처럼 시봉해 온 이의 비통함이 눈 덮인 산하를 울렸다. 그러나 자장은 대답 대신 가만히 눈을 감고 내면의 소리에 집중했다. 그의 몸 안에서는 평생 지켜온 율법의 불꽃이 마지막 기름을 태우고 있었다.

"승실 스님, 나는 지금 공양을 기다리는 것이 아니라 소식을 기다리고 있느니. 오대산에서 나를 부르셨던 그 목소리가, 이제 이 태백의 갈반지에서 다시 울릴 때가 되었다네. 사리가 안치되었으니, 그 사리의 주인이 와서 확인하셔야 하지 않겠는가."

며칠이 지났을까. 하늘과 땅이 온통 하얀 소금 가루 같은 눈보라에 휩싸인 어느 날 오후였다. 정암사 입구에 웬 기괴한 노인 하나가 나타났다. 노인은 넝마 같은 옷을 걸쳐 살이 다 보였고, 어깨에는 다 해진 망태기를 메고 있었다. 망태기 안에는 이미 부패가 시작되어 고약한 냄새가 진동하는 죽은 강아지 한 마리가 담겨 있었다. 노인의 발걸음이 닿는 곳마다 눈 위로 검은 핏물이 뚝뚝 떨어졌다.

노인은 거침없는 기세로 자장의 토굴 앞으로 다가와 승실에게 소리를 질렀다. 그 목소리는 마치 벼락이 치는 듯 웅장하면서도 비릿한 광기가 서려 있었다.

"자장을 만나러 왔다! 어서 그 노장(老長; 나이 많고 덕행이 높은 스님) 나오라고 해라! 대국통이라는 허울 좋은 이름 뒤에 숨어서 죽음을 기다리는 그 노장을 내가 직접 만나 봐야겠다!"

승실은 얼굴을 찌푸리며 노인을 가로막았다. 코를 찌르는 악취와 노인의 무례함에 평정심을 유지하기가 힘들었다.

"정말 무례하십니다. 큰스님께서는 지금 삼매(三昧)에 들어 계신데, 어찌 이리 흉측한 몰골로 소란을 피우십니까. 그 더러운 망태기를 당장 치우고 어서 물러가세요! 이곳은 부처님의 정골사리가 모셔진 신성한 보궁입니다!"

노인은 껄껄 웃으며 승실을 조롱했다. 그 웃음소리가 얼마나 컸던지 나무 위의 눈들이 우수수 떨어졌다.

"대국통? 보궁? 흥, 내가 보기엔 그저 죽음을 두려워하며 웅크린 가엾은 노인네일 뿐이다. 깨끗함과 더러움을 가르는 네 놈의 눈이 참으로 가련하구나! 주인이 나오지 않으니 내가 직접 들어가 그 껍데기를 벗겨 주마!"

노인은 승실을 밀치고 토굴 안으로 거침없이 들어서려 했다. 그 소란과 악취에 자장이 천천히 눈을 떴다. 자장은 문밖의 소동을 들었으나, 자신의 명성이 가져온 '대국통'이라는 권위의 장벽이, 그리고 평생 지켜온 '청정'이라는 계율의 상(相)이 보살을 막아서고 있음을 직감했다.

"승실 스님, 들여보내게. 누구든 나를 찾는 자가 나의 주인이라네. 냄새가 법을 가로막을 수는 없는 법일세."

하지만 승실은 노인의 흉측한 몰골과 진동하는 시체 냄새를 견디지 못하고 끝까지 문을 가로막았다. 노인이 들고 온 죽은 강아지의 목이 툭 꺾이며 승실의 승복에 닿았다. 결국 노인은 망태기를 거꾸로 털어 죽은 강아지를 차가운 눈 바닥에 내동댕이치며 소리쳤다.

"아직도 '아상(我相)'에 갇혀 있구나, 자장! 겉모습의 성결함만 쫓으며 내면의 악취를 보지 못하니, 너와 나의 인연은 여기까지다! 오대산에서의 약속을 이토록 허망하게 날려 버리는구나!"

그 말과 함께 죽은 강아지가 홀연히 사자로 변하더니, 노인이 그 사자를 타고 태백의 하늘을 향해 솟구쳐 올랐다. 자장이 비틀거리며 토굴 밖으로 뛰쳐나왔을 때, 하늘에는 눈부신 오색구름 위에 서광만이 감돌 뿐 보살의 자취는 이미 간 곳이 없었다.

자장은 눈 속에 무릎을 꿇고 엎드렸다. 평생을 계율과 형식, 그리고 완벽한 법도 속에 살아 왔던 그였다. 당나라 황제 이세민 앞에서도 당당했고, 서라벌의 귀족들을 율법으로 호령하던 대국통 자장이었으나, 정작 자신의 눈앞에 나타난 보살은 알아보지 못했다. 보살은 비천하고 더러운, 가장 누추하고 남루한 형색으로 오셨는데, 자장은 여전히 가장 높은 곳의 눈으로 보살을 기다리고 있었던 것이다.

"아아, 내가 아직도 '대국통'이라는 두꺼운 껍데기를 쓰고 있었구나. 깨끗한 가사 속에 썩은 아상(我相)을 감추고 있었구나…. 보살은 진흙탕 물 속에서도 연꽃처럼 피어나시거늘, 나는 연꽃만 보고 진흙탕 물을 거부했구나."

자장의 뜨거운 참회의 눈물이 태백의 얼어붙은 눈을 녹였다. 그는 비로소 분황사에서 만났던 원효가 던졌던 화두를 온몸으로 이해했다.

"스님의 계율은 너무 고고하여 장벽이 되었습니다."

자신의 율법이 나라의 뼈대는 되었으나, 진정 낮은 곳으로 흐르는 부처의 자비심을 담기에는 자신의 그릇이 너무나 폐쇄적이었음을 처절하게 깨달은 자장. 그는 다시 토굴로 돌아와서 가부좌를 튼 채 앉았다. 승실 또한 자신의 무지함이 문수보살을 쫓아냈다며 바닥에 머리를 짓찧으며 통곡했다. 자장은 시자인 승실의 어깨를 부드럽게 토닥였다.

"울지 말게, 승실 스님. 문수보살님은 내 마음의 거울 속에 지워지지 않을 경계(境界)를 남기고 가셨다네. 덕분에 나는 이제야 비로소 신라의 국통이라는 무거운 짐을 완전히 내려놓고, 알몸으로 부처님 앞에 설 수 있게 되었네. 오늘의 이 실패, 이 실수야말로 문수보살님이 내게 주신 귀하디귀한 마지막 법문이시네.”

입적을 예감한 자장은 정암사의 대중들과 산 아래 움막에서 떨고 있던 유민들을 불러들였다. 사람들이 모여들자, 자장은 기력을 다해 마지막 사자후를 토했다. 그의 목소리는 예전처럼 웅엄하지는 않았으나, 듣는 이들의 뼛속까지 스며드는 따스함과 깊은 울림이 있었다.

“대중들이여, 내가 평생을 바쳐 지킨 것은 계율(戒律)이었다. 내가 엄격한 법도로 그대들을 옥죄었다고 원망할지도 모르오. 하지만 잘 들으시오. 계율은 그대들을 가두는 감옥의 창살이 아니라, 거친 업보의 파도 위에서 그대들의 영혼이 표류하시 않게 잡아 주는 구명줄이오. 법이 무너지면 사람의 마음이 무너지고, 마음이 무너지면 사람이든 나라든 껍데기만 남는 법이오.”

자장은 석양을 받아 붉게 타오르는 수마노전탑을 가리켰다.

“내가 전국에 많은 절과 탑을 세워 사리를 모셔 놓은 것은 신라가 강해서도, 왕실이 위대해서도 아니오. 다만 전란에 상처 입고 힘겨운 삶에 지친 백성들이 기댈 곳 하나 만들어주고자 한 것이오. 여왕은 이미 가셨고, 나 또한 가려 하오. 하지만 반드시 기억하시오. 전란의 불길 속에 저 탑이 무너지고 이 절이 잿더미가 되어도, 그대들 가슴 속에 ‘남을 해치지 않고,

계율을 지키면서 스스로를 경계하며 살겠다.'라는 단 하나의 계율만 살아 있다면, 이 땅은 영원히 멸하지 않는 불국토(佛國土)가 될 것이오."

자장은 마지막으로 승실과 제자들을 둘러보며 미소 지었다. 그것은 모든 갈등과 고통에서 벗어난 사문의 평온한 미소였다.

"신라와 백제, 고구려라는 좁은 이름을 이제 지워라. 귀족과 천민이라는 덧없는 차별을 버리시오. 오직 하나의 생명, 하나의 고통만을 직시하시오. 그것이 내가 평생을 걸어 오대산과 설악, 사자산을 지나 이곳 태백에서 도달한 마지막 법(法)이라오. 우리는 모두 부처라는 한 바다로 흘러가는 물줄기일 뿐이오."

설법을 마친 자장은 가부좌를 더욱 단단히 틀고 정좌했다. 신기하게도 휘몰아치던 태백산의 눈보라가 일시에 잦아들었다. 숲속의 짐승들까지 하나둘 토굴 주위로 모여들어 무릎을 꿇었다. 산 전체가 마치 거대한 숨을 고르는 듯한 고요 속에 잠겼다.

"승실 스님, 저 탑 위를 보게나. 빛이 나는가?"

"예, 큰스님. 수마노탑 꼭대기에서 일곱 빛깔 무지개가 뿜어져 나와 온 산하를 덮고 있습니다. 하늘에선 상서로운 빛이 향기가 되어 내려오고 있습니다."

"오냐… 되었다. 이제 내 소풍은 끝났다. 참으로 길고도 치열한 하루였다."

자장 율사는 조용히 눈을 감았다. 그의 마지막 숨결이 차가운 공기 속으로 흩어지는 순간, 정암사 계곡의 두꺼운 얼음이 갈라지는 소리가 마치 하늘의 천둥처럼 웅장하게 울려 퍼졌다. 하늘에서는 한겨울에 하얀 꽃비가 내렸고, 태백산 전체가 은은한 마노석의 향기로 가득 찼다.

신라 불교의 기틀을 다지고 황룡사의 구층목탑을 세워 나라의 정신적 뿌리를 세우고 만백성을 한마음으로 묶었던 대국통 자장 율사는, 그렇게 태백산의 작은 토굴에서 고요히 적멸에 들었다.

그는 한평생 거대한 사찰들과 수백 기의 탑을 세웠으나, 진정으로 그가 이 땅에 심고자 했던 것은 풍전등화 같은 위기 속에서도 꺾이지 않는 신라 백성들의 고결한 정신과 자비의 마음이었다.

승실은 스승의 싸늘해진 법체 앞에 엎드려 오랫동안 일어나지 못했다. 하지만 그의 귓가에는 여전히 자장의 서슬 퍼런, 그러나 이제는 한없이 부드러워진 목소리가 쟁쟁하게 울리고 있었다.

"계율을 지키다 죽을지언정, 계율을 어기고 살기를 바라지 마라."

그 서릿발 같은 다짐은 이제 신라의 밤하늘을 밝히는 별이

되었다. 그는 보이지 않는 등불이 되어 삼국통일이라는 거대
한 물결을 이끌고, 역사의 물굽이를 비추기 시작했다. 태백산
의 수마노전탑은 그날 이후로도 천년의 세월을 견디며, 부처님
의 진신사리보다 더 찬란한 자장 율사의 원력을 전설처럼 전
하고 있다.

자장 율사가 만년에 김춘추 등 정치적 세력에 밀려서 태백
산 오지 정암사에서 문수보살도 친견하지 못하고 처참하게 벼
랑에 떨어져 죽었다는 설도 전해지고 있다. 하지만 이 책에서
는 정암사에서 만난 거지 노인이 문수보살로 화현한 것으로
썼다. 이 설화는 당나라 '오대산문수보살영험록'에 나오는 내
용이다. 오대산 순례자가 천신만고 끝에 문수보살을 친견하는
과정을 묘사하는 전형적인 서사구조이다. 물론 역사적인 사실
은 아니다. 자장 율사의 생애 또한 전설이 되었기에 문수보살
친견 서사를 빌렸음을 밝힌다.

에필로그

『삼국유사』 권4에 따르면, 서라벌 흥륜사 금당 벽화에는 신라를 지탱한 열 명의 성인, 곧 10성사(聖師)의 모습이 그려져 있었다고 한다. 자장 율사가 신라 후대까지 원효, 의상, 표훈과 같은 쟁쟁한 인물들과 어깨를 나란히 하며 그 반열에 오른 것은, 그가 사후에도 신라인들에게 단순한 고승을 넘어 나라를 지키는 성인으로 추앙받았음을 입증하는 대목이다. 그는 신라 불교의 기틀을 다진 호법보살이었으며, 동시에 풍전등화의 위기 속에서 민족의 정신을 하나로 묶어낸 호국 대성사(大聖師)였다.

그러나 그가 남긴 가장 위대하고도 따스한 유산은 거대한 석탑이나 화려한 벽화 속에만 머물지 않았다. 그것은 신라의 이름이 지워진 뒤에도, 이 땅의 가장 낮고 깊은 곳—어머니의 숨결을 타고 흐르는 낮은 콧노래 속에 살아남았다.

"자장자장 우리 아기
잘도 잔다 우리 아기
자장자장 우리 아기
어서 자라 효도하라."

이 노래는 기록보다 오래된 말이며, 문자보다 먼저 태어난 숨이다. 세대를 건너 입에서 입으로 전해져 온 구전 민요 '자장가'는, 한국 모성의 원형으로 오늘까지 이어져 내려온다. '자장자장'이라는 말은 단순한 후렴이 아니다. 아기를 잠재운다는 뜻을 품은 이 의성어와 의태어의 반복은, 의미를 이해하기 이전의 감각에 먼저 닿는다. 그 소리는 아이의 귀를 통해 마음으로 스며들고, 마음은 차츰 가장 안전하고 깊은 잠의 바다로 가라앉는다.

본래 이 자장가는 자장 율사가 태어나기 훨씬 이전부터 존재해 왔다. 이름도 사연도 없던 먼 옛날부터, 어머니는 아이를 안고 같은 리듬을 반복했을 것이다. 그러나 세월은 노래에 의미를 덧입혔고, 사람들은 노래에 위대한 얼굴을 부여했다. 자장 율사가 나라를 지킨 호국불교의 상징으로 자리 잡으면서, 아기를 재우는 이 노래 위에도 그의 자비로운 이미지가 겹쳐졌다.

아이를 재우는 노래가 아이를 '지키는' 노래가 되었다. '자장자장'은 불교의 비밀스러운 주문, 곧 다라니(陀羅尼)처럼 온갖

재액으로부터 아기를 보호하는 신성한 언어로 받아들여지기
시작한 것이다.

그리하여 '자장자장'은 기원의 말이 되었다. 잠들기를 바라
는 소리이자, 부디 무사하기를 바라는 간절한 마음, 아이가 고
통스러운 세상에서 잠시 벗어나 가장 안전한 어머니의 품, 곧
적멸보궁과 같은 안식처로 들어가기를 바라는 소망이 그 낮은
음률 속에 고요히 깃들어 있다. 자장 율사의 이름은 그렇게
노래 속으로 스며들어, 어머니가 아기에게 들려주는 자장가의
한 부분이 되었다.

지금도 이 땅의 어머니들은 이 노래를 부른다. 갓 태어난 아
이를 가슴에 보듬고, 따스한 손으로 등을 토닥이며 낮은 목소
리로 "자장, 자장"을 되뇌어 준다. 그 소리는 방 안을 가득 채
우지 않는다. 오히려 허공에 스며들어 어둠을 걷어낸다. 아이
는 그 소리에 귀를 기울이기보다, 그 소리가 만들어낸 자비의
결계 안으로 가라앉듯 잠든다.

그렇게 곱게 잠든 어린아이의 얼굴은 한없이 고요하다. 세
상의 명암과 고통을 모르는, 천진무구한 아기부처님의 평온함
속에서 신비로운 모습이 겹쳐진다. 사람들은 어머니의 품에서
다시 태어난 자장 율사, 혹은 자장 율사가 화현하여 아기부처
로 돌아온 그 거룩한 순간을 보고 감동한다.

자장가는 노래이자 기도다. 어머니의 숨결을 빌려 세상을
지키고 아이를 보살피는 가장 오래된 호국의 언어. 자장 율사

의 마지막 숨결은, 오늘도 어머니의 자장가 속에서 천년의 세
월을 넘어 면면히 이어지고 있다.

김부식(金富軾), 고려 인종23년(1145) 편찬, 『삼국사기』 권4 신라본기.

일연(一然), 고려 충렬왕 7년(1281) 편찬, 『삼국사기』 권4 자장 정율(定律).

도선(道宣), 645년경 편찬, 속고승전』 권24 당신라국대승통 자장전(『대정장』 50).

도세(道世), 668년 편찬, 법원주림(法苑珠林), 자장율사가 당나라 종남산에 와서 도선율사에게 율학을 배웠다고 기록. 자장율사가 종남산에서 열병으로 죽음 직전에 갔으나 문수보살의 영험으로 살아냈음을 기록,

「황룡사금동 찰주본기(皇龍寺金銅刹柱本記)」, 신라 경문왕 12년(872), 사리함 안에 금동판에 새긴 명기(銘記). 자장율사에 대한 현존하는 금석문 사료로 1차적 기본사료.

민지(閔漬), 고려 충렬왕 33년(1307) 편찬, 『오대산사적기』 「제일조사전기」.

각훈(覺訓), 고려 고종 2년(1215) 편찬, 해동고승전』 권3 「지장전」, 실전(失傳)된 책이 1927년 최남선이 『불교』 37호에 『해동고승전』 해제에 의하면 일제 때 해인사 주지 이회광이 경주 성주의 어느 사찰에서 2권 1책의 사본(寫本)으로 발견하다. 『해동고승전』 권3 「자장전」은 후대에 『삼국유사』의 내용을 요약하여 추가로 편집한 것으로 사료 가치가 없다.

김대문, 『화랑세기』(필사 발췌본), 실전(失傳)된 책이 1989년 2월 3일 서울신문에 발췌본이 공개. 현재 사학계에서 사료적 가치를 인정할 것인가에 대한 논의가 진행 중이다.

김대문 저술, 이종욱 역주해, 『화랑세기』, 소나무, 1987.

박미선, 「자장 관련 원전사료의 형성과 변천에 관한 연구」, 동국대학교 대학원 박사학위논문, 2012.

곽뢰, 「신라 오대산 문수신앙 연구」, 동국대학교 대학원 박사학위논문, 2016.

염중섭, 「자장의 생애와 사상에 관한 종합적 연구」, 동국대학교 대학원 박사학위논문, 2017.

신종원, 자장의 불교사상에 대한 재검토 ―신라불교 초기계율의 의의 『한국사연구』 39, 한국사연구회, 1982.

이기영, 「자장 관련 기록 연구」, 『한국고대종교사연구』, 일조각, 1983.

정병조, 「자장과 문수신행」, 『신라문화』 3.4합집, 동국대학교 신라문화연구소, 1987.

김경집, 「자장의 문수신앙과 계율」, 『한국학논총』 12, 1990.

김두진, 「자장의 문수신앙과 계율」, 『한국학논총』 제12권, 국민대학교 한국학연구소, 1990.

채인환, 「자장의 입당구법과 계단창설」, 『나·당불교의 재조명』, 11회 국제불교학술회의, 대한전통불교연구원, 1993.

이행구, 「한국 화엄의 초조고–자장법사의 화엄사상」, 『동국논집』 13, 동국대학교, 1994.

남동신, 자장정율과 사분율, 불교문화연구 4, 영취불교문화연구원, 1995.

혜남, 「자장율사의 생애–당전과 삼국유사 자장정율을 비교하며」, 중앙승가대학교 교수논문집 10, 2003.

남무희, 「속고승전 자장전과 삼국유사 자장정률의 원전 내용 비교」, 문학/사학/철학 19, 2009.

김복순, 「자장 계율사상의 한국불교적인 특징」, 『한국불교학』, 한국불교학회, 2013.

정병삼, 「자장전래 불사리에 대한 『삼국유사』의 기록 검토」, 『문물연구』 17, 동아시아문물연구학술재단, 2017.

정영호·고유섭, 자장의 진신사리 봉안 및 분장, 『Journal of Buddhist Studies』, 2021.

윤청광, 『백년도 못사는데 무얼 그리 탐내는가』(고승열전 4, 자장율사), 우리출판사, 2002.

김형중·김문수, 『불교, 교과서 밖으로 나오다』(문수신앙을 신라에 전파한 자장율사), 운주사, 2008.

손진익, 『가리왕산, 자장율사를 품은 깨달음의 순례처』, 북산, 2022.

오대산의 고승 1

자장 율사

초판 1쇄 인쇄 _ 2026년 4월 15일
초판 1쇄 발행 _ 2026년 4월 25일

지은이 _ 김형중

펴낸이 _ 윤재승
펴낸곳 _ 민족사

주간 _ 사기순
편집 _ 최윤성
기획홍보 _ 윤효진
영업관리 _ 김세정, 백지영

출판등록 _ 1980년 5월 9일 제1-149호
주소 _ 서울 종로구 삼봉로 81 두산위브파빌리온 1131호
전화 _ 02)732-2403, 2404 **팩스 _** 02)739-7565
홈페이지 _ www.minjoksa.org
페이스북 _ www.facebook.com/minjoksa
이메일 _ minjoksabook@naver.com

ⓒ 월정사 2026

ISBN 979-11-6869-096-7 (04220)
ISBN 979-11-6869-095-0 (세트)